COMICAINA

CORAZÓN
VERSUS
CEREBRO

Papel certificado por el Forest Stewardship Council®

Primera edición: octubre de 2020

© 2020, Comicaína
© 2020, Penguin Random House Grupo Editorial, S. A. U.
Travessera de Gràcia, 47-49. 08021 Barcelona

Printed in Spain – Impreso en España

ISBN: 978-84-17809-55-3
Depósito legal: B-7.878-2020

Compuesto en M. I. Maquetación, S. L.

Impreso en Gráficas 94
Sant Quirze del Vallès (Barcelona)

PB09553

Penguin
Random House
Grupo Editorial

ESTE LIBRO
QUIERO DEDICARLO
A: TERESA, POR PONERME
UN LÁPIZ EN LA MANO CUANDO
NO SABÍA USARLO. PAZ, POR
SUS SABIOS CONSEJOS.
Y LARA, POR NO DEJAR
DE PREGUNTARME
¿DE QUÉ VA LA
VIÑETA DE
HOY?

CORAZÓN VS. CEREBRO

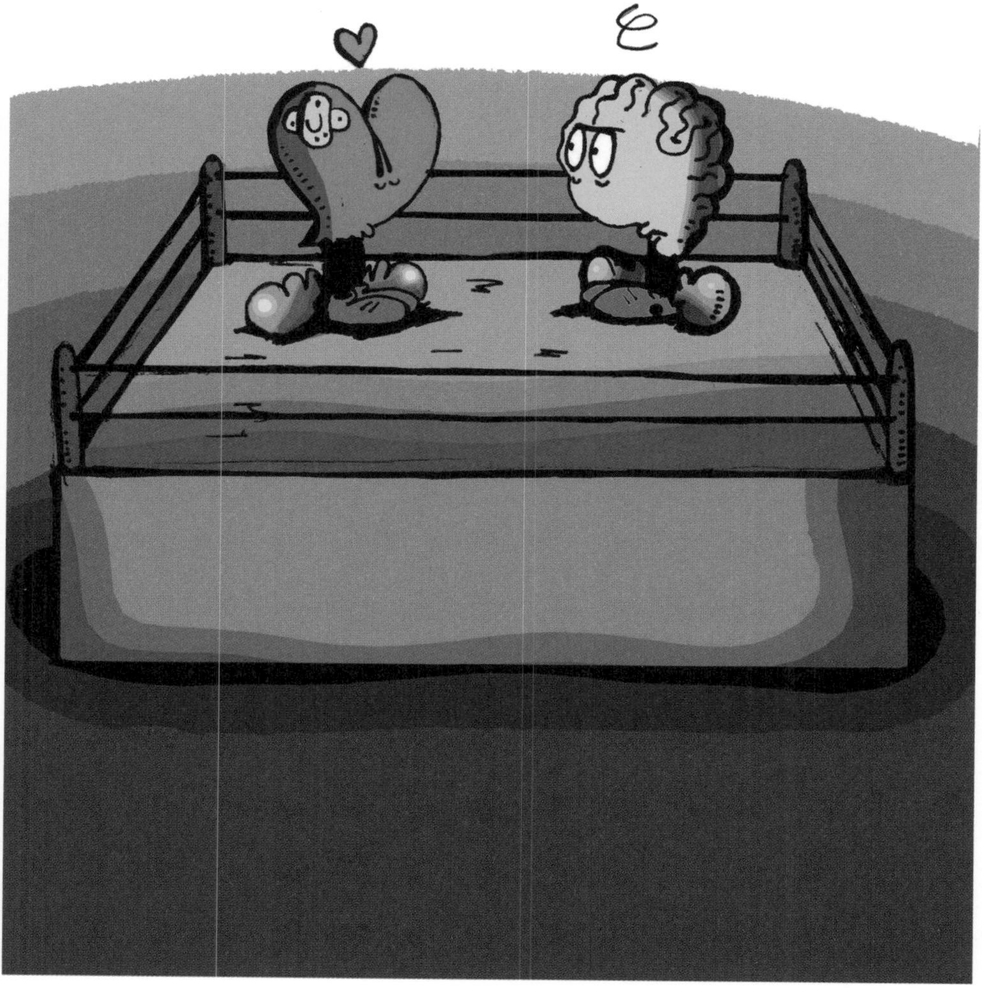

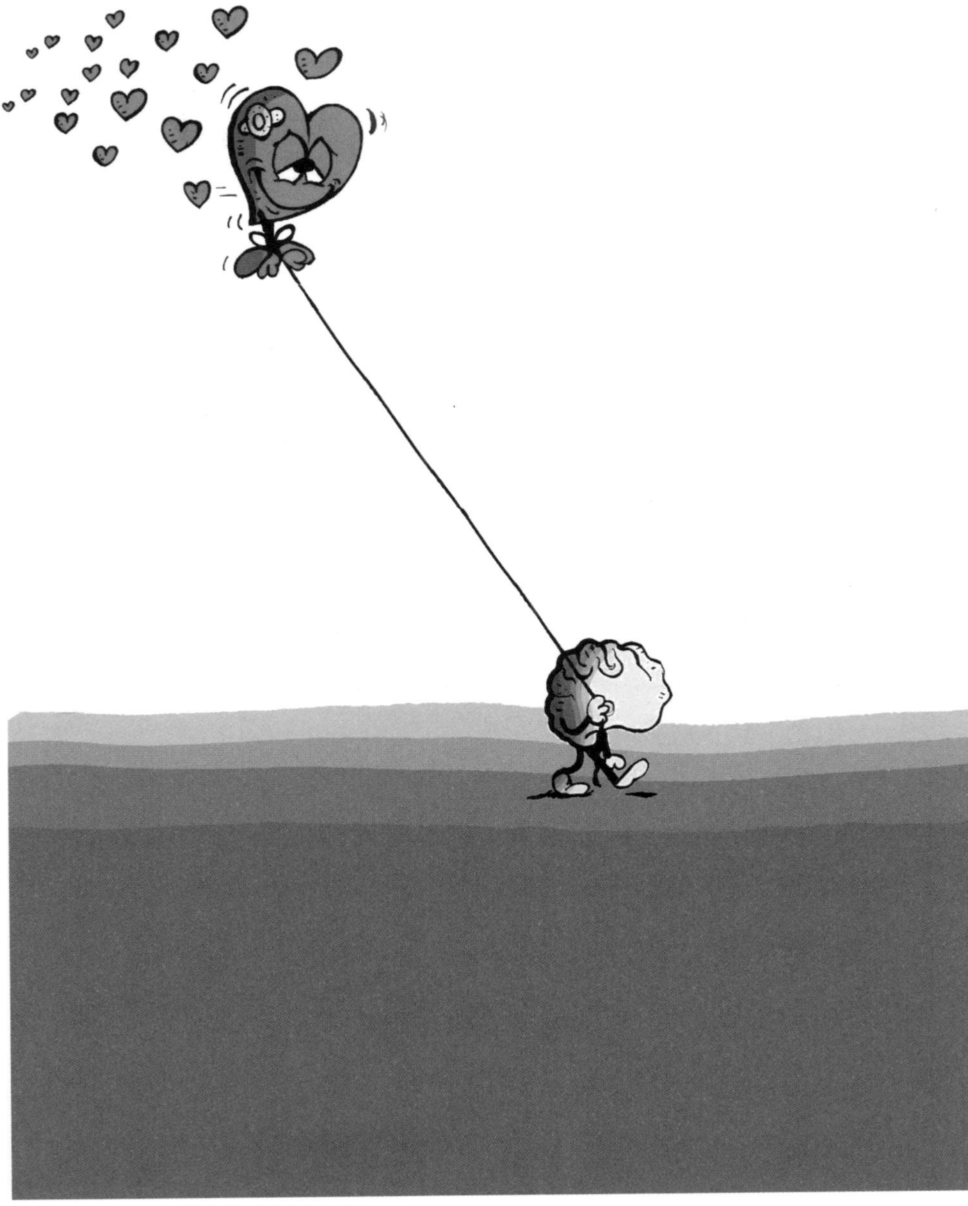

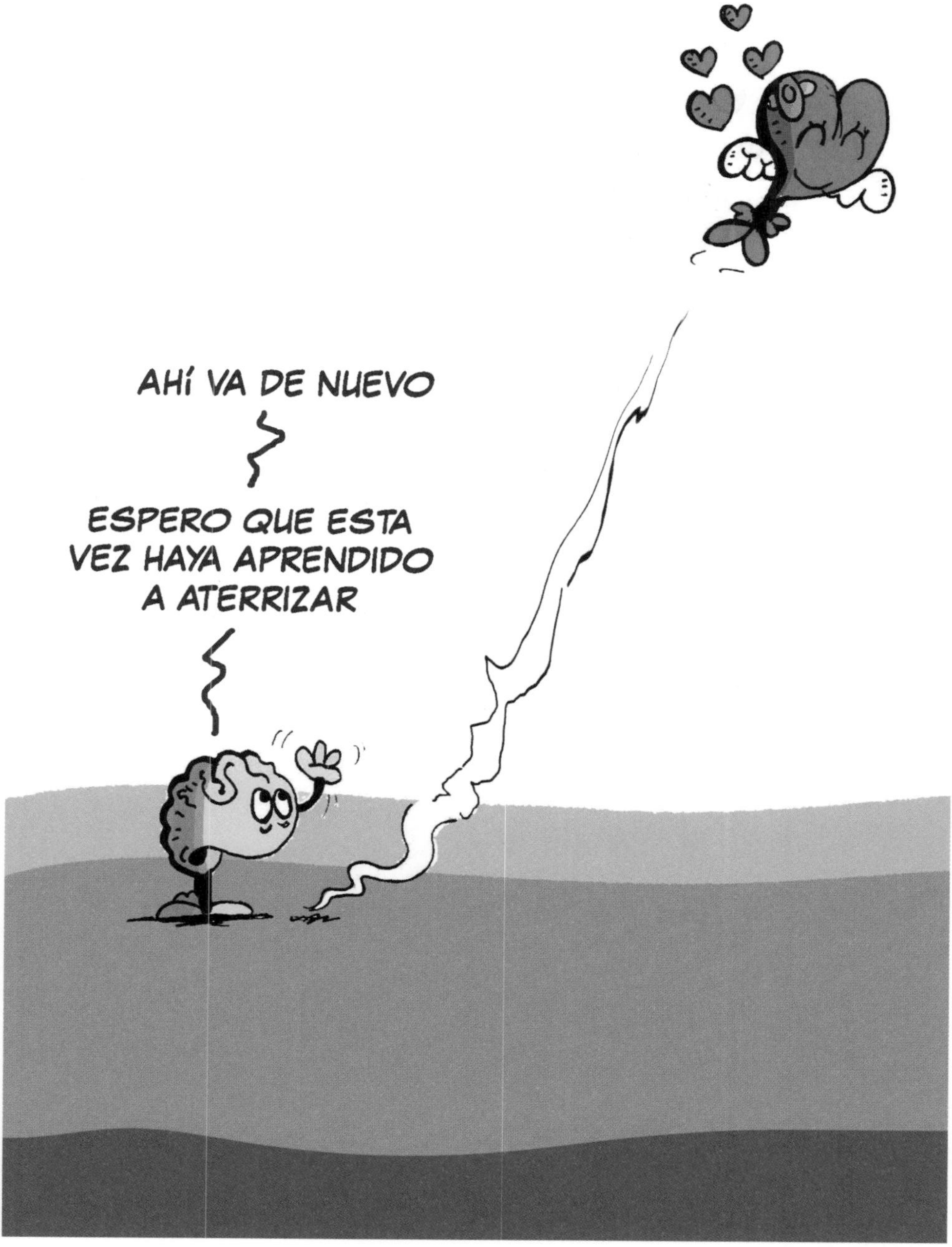
AHÍ VA DE NUEVO
ESPERO QUE ESTA VEZ HAYA APRENDIDO A ATERRIZAR

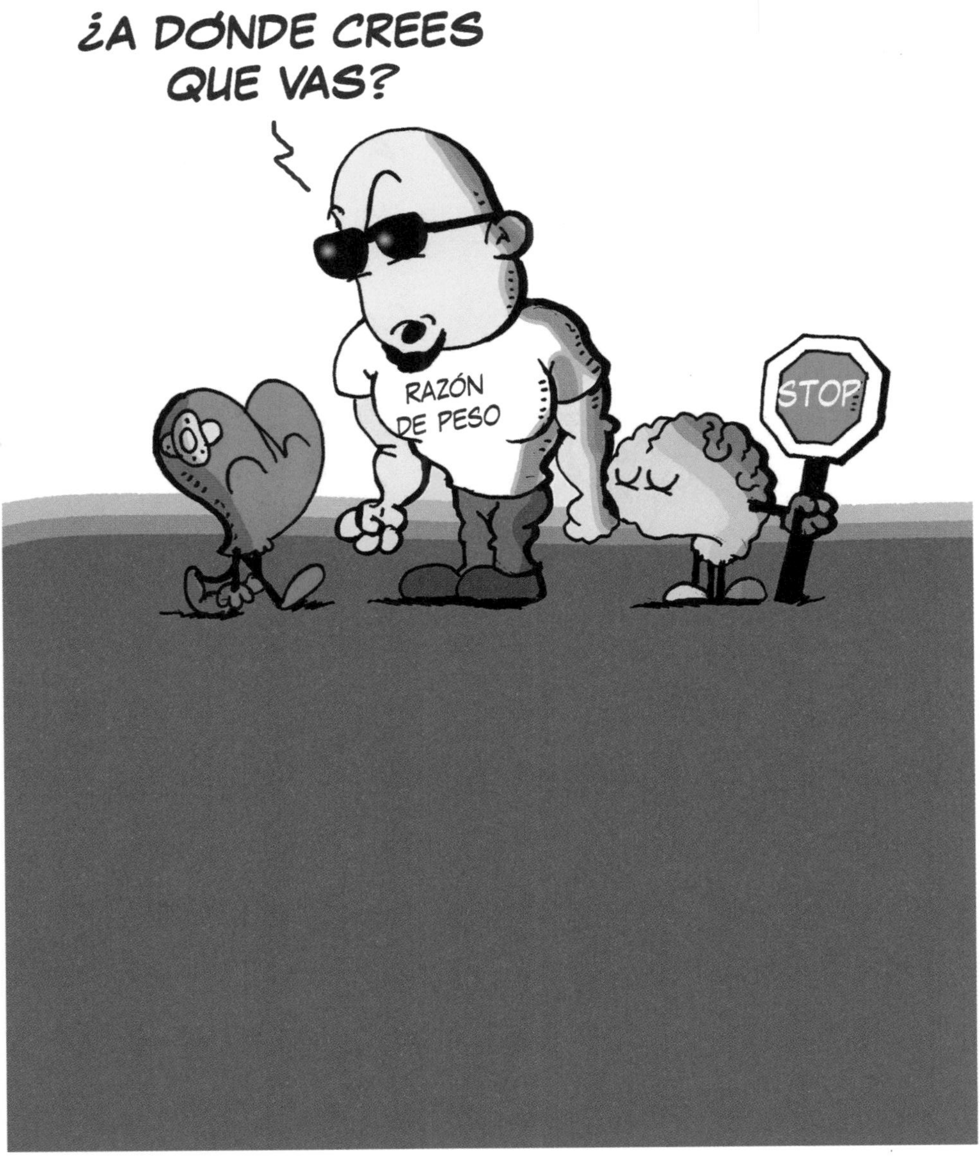
¿A DONDE CREES QUE VAS?
RAZÓN DE PESO
STOP

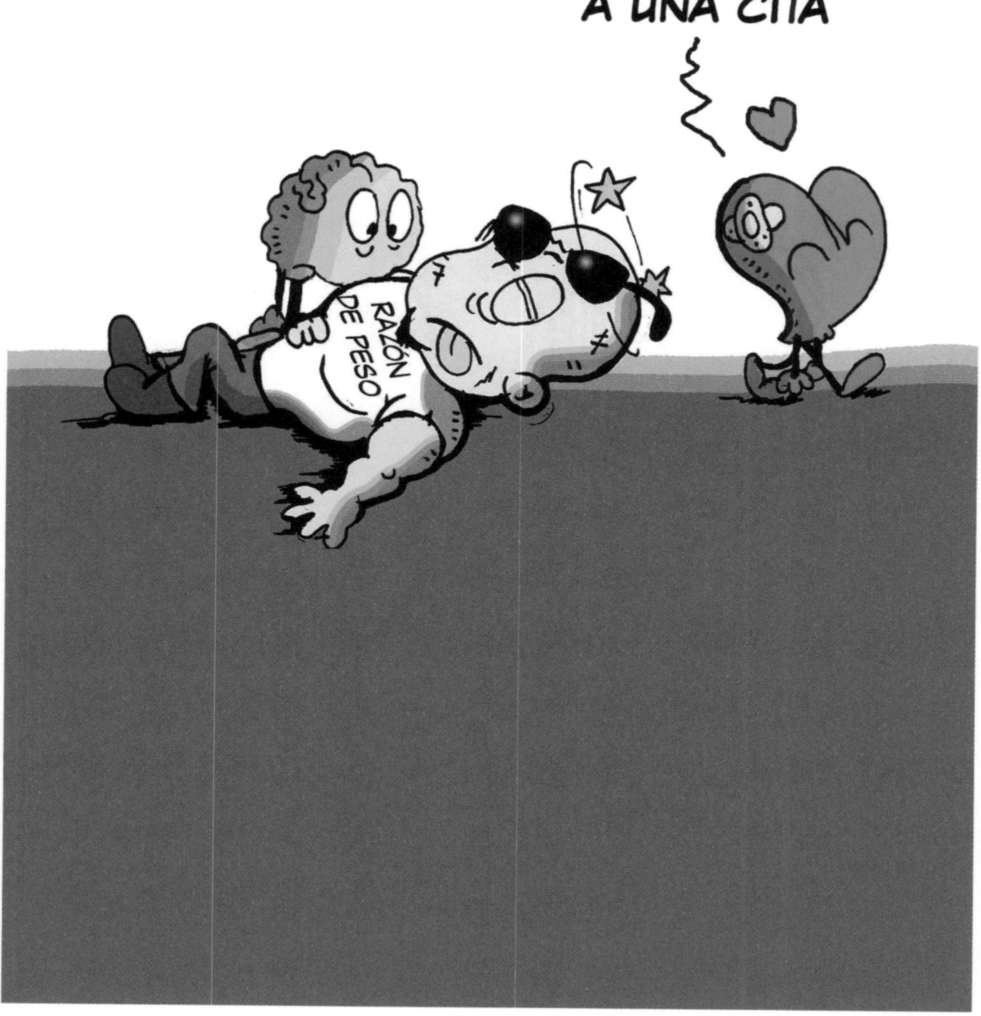
A UNA CITA
RAZÓN DE PESO

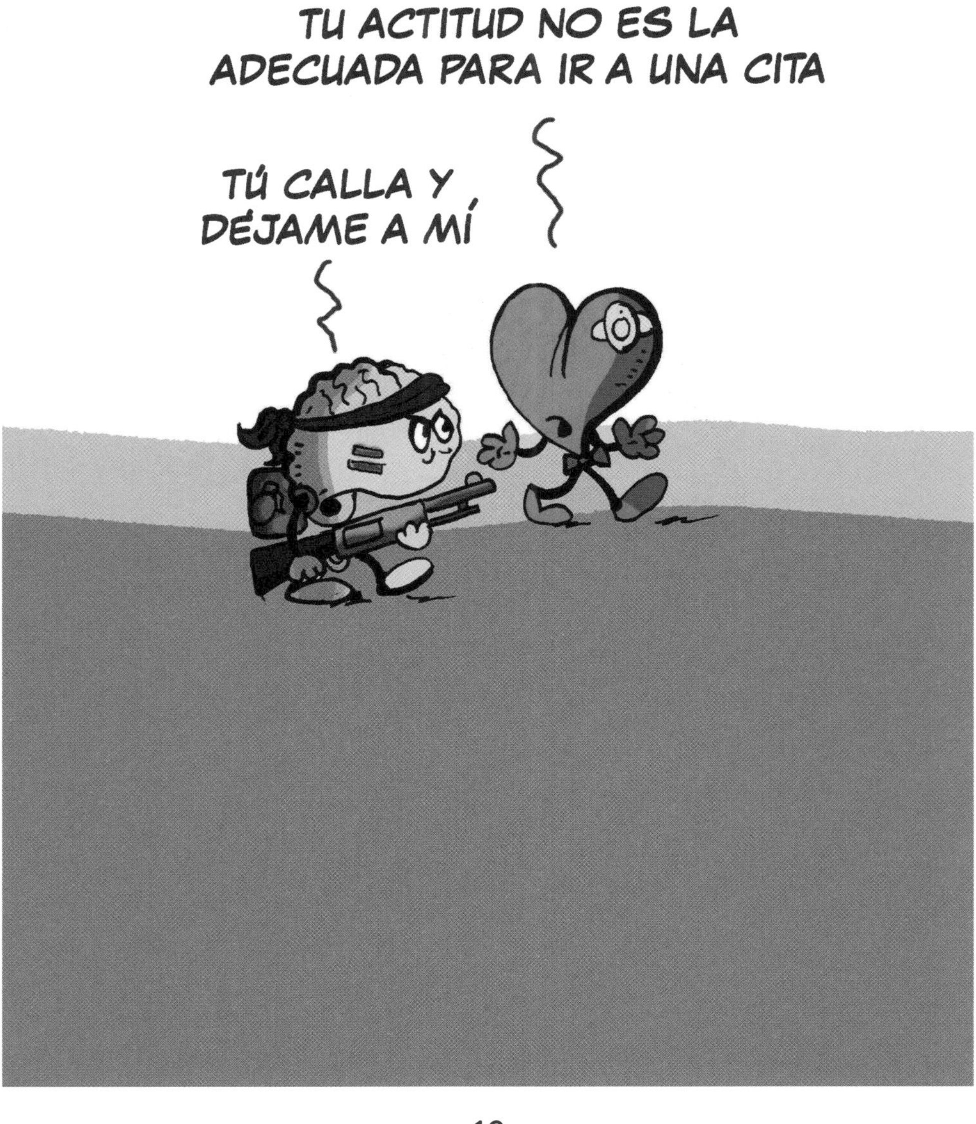
TU ACTITUD NO ES LA ADECUADA PARA IR A UNA CITA
TÚ CALLA Y DÉJAME A MÍ

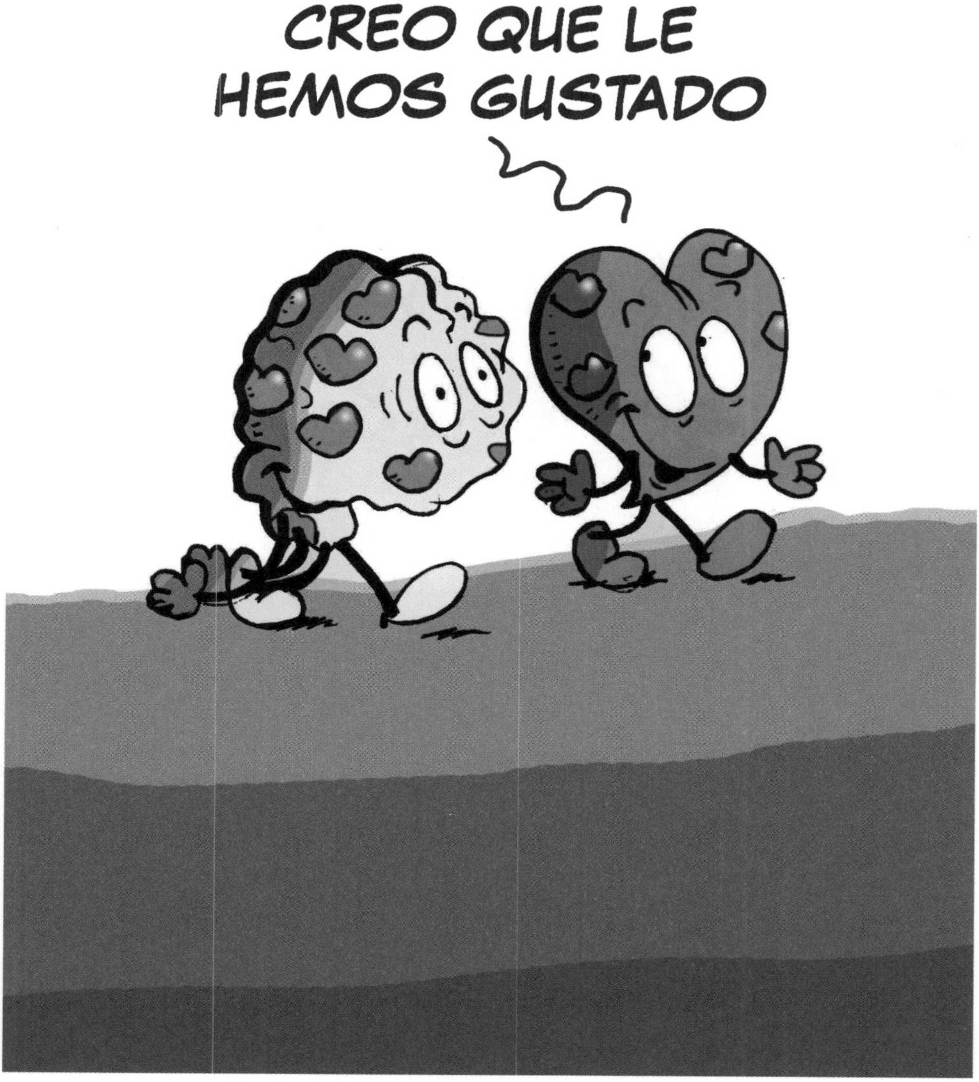
CREO QUE LE HEMOS GUSTADO

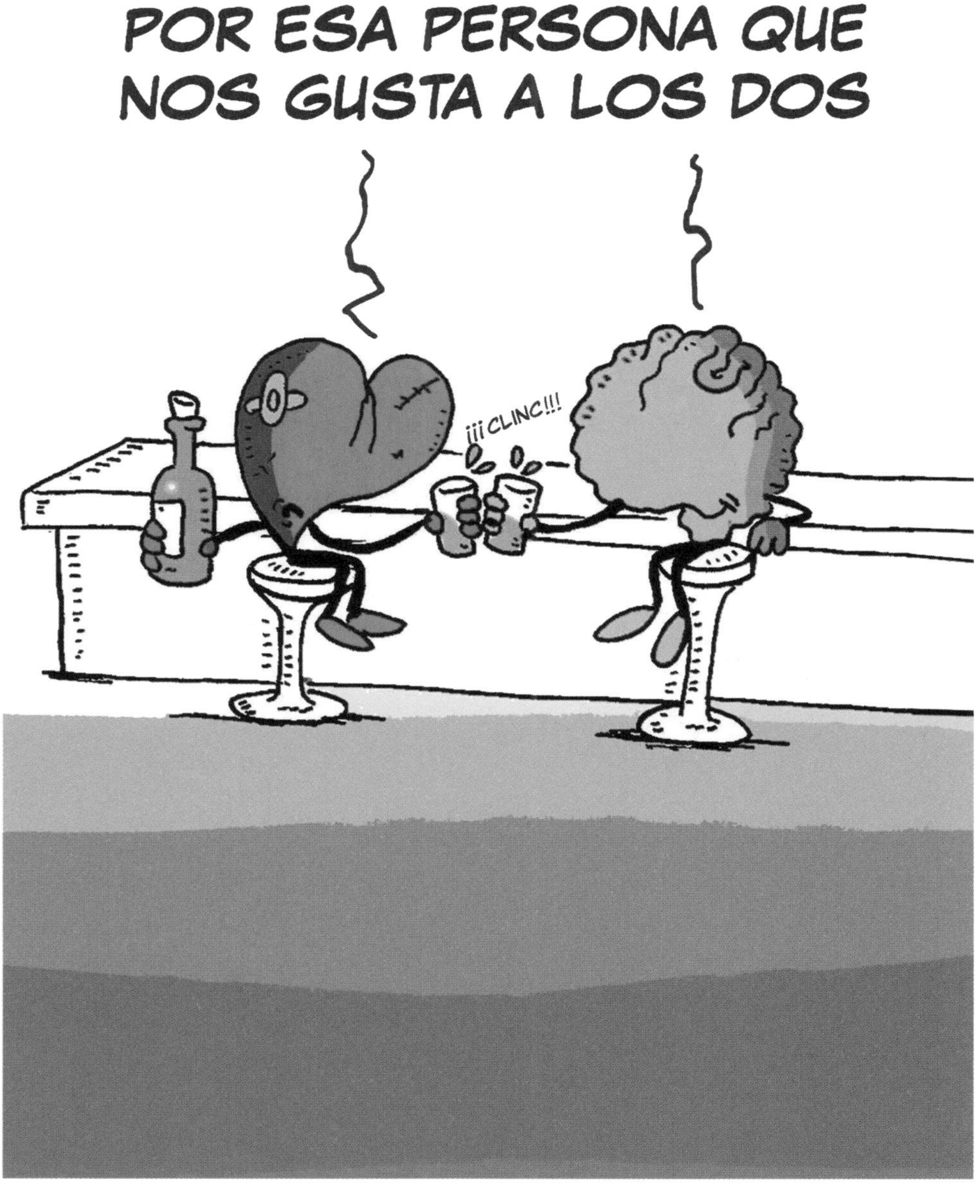
POR ESA PERSONA QUE NOS GUSTA A LOS DOS
¡¡¡CLINC!!!

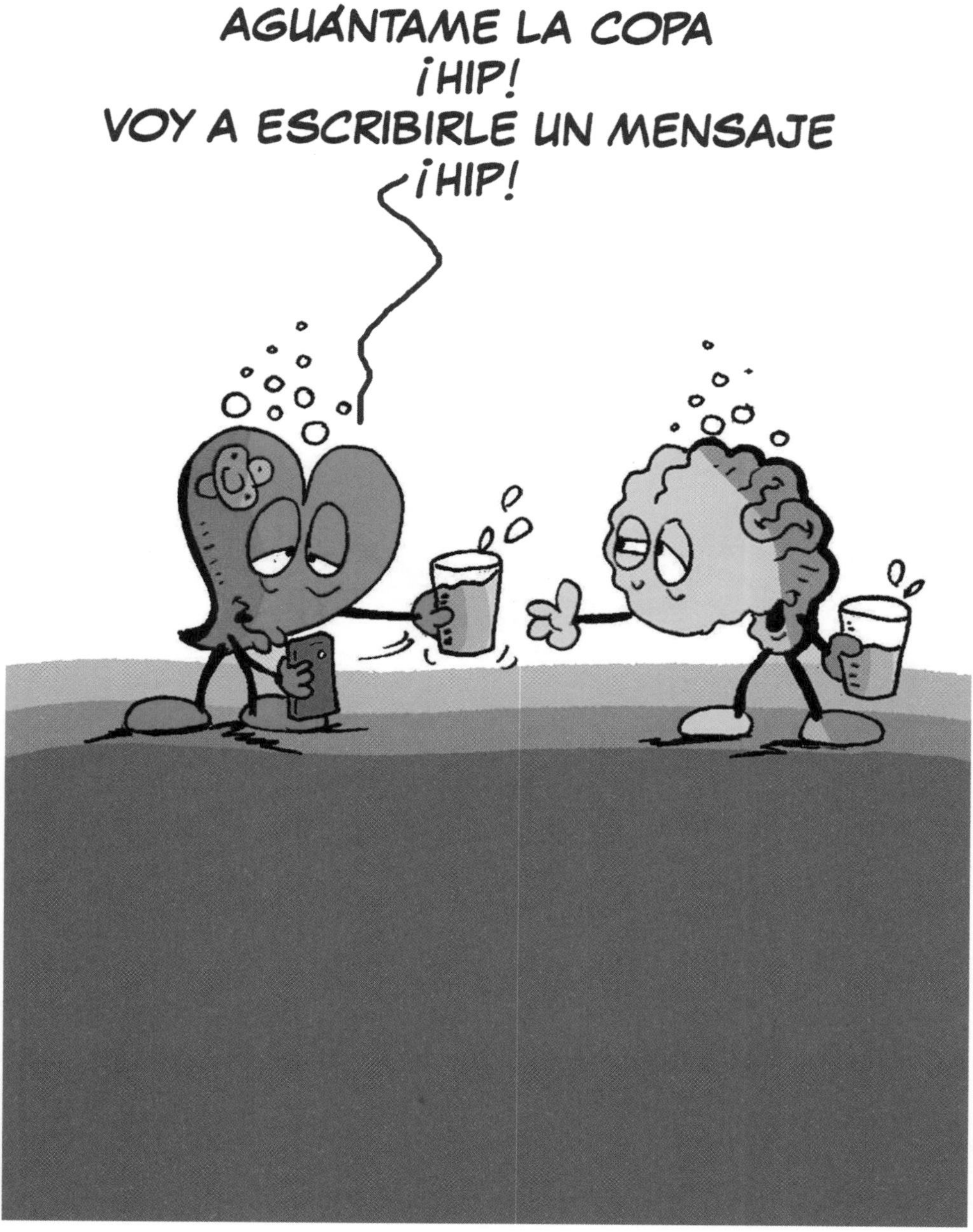
AGUÁNTAME LA COPA
¡HIP!
VOY A ESCRIBIRLE UN MENSAJE
¡HIP!

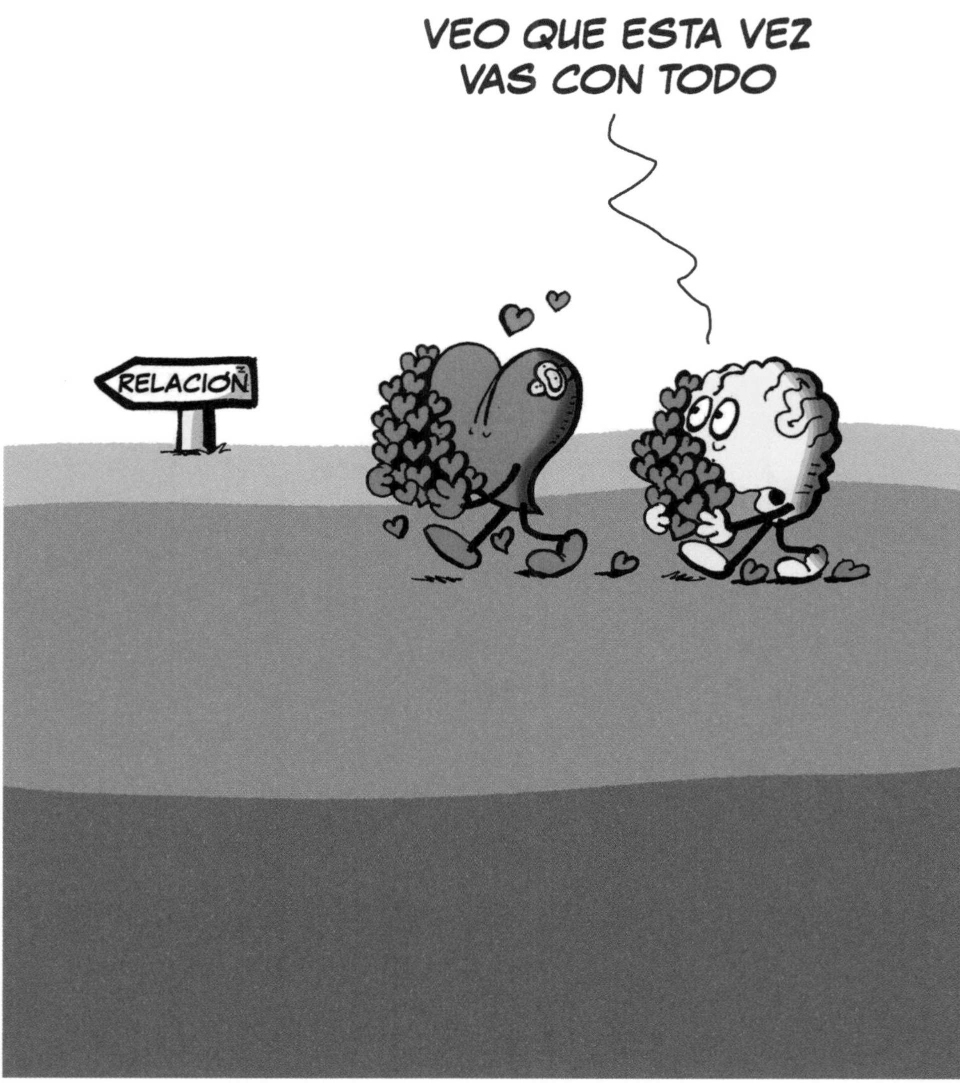
VEO QUE ESTA VEZ VAS CON TODO
RELACIÓN

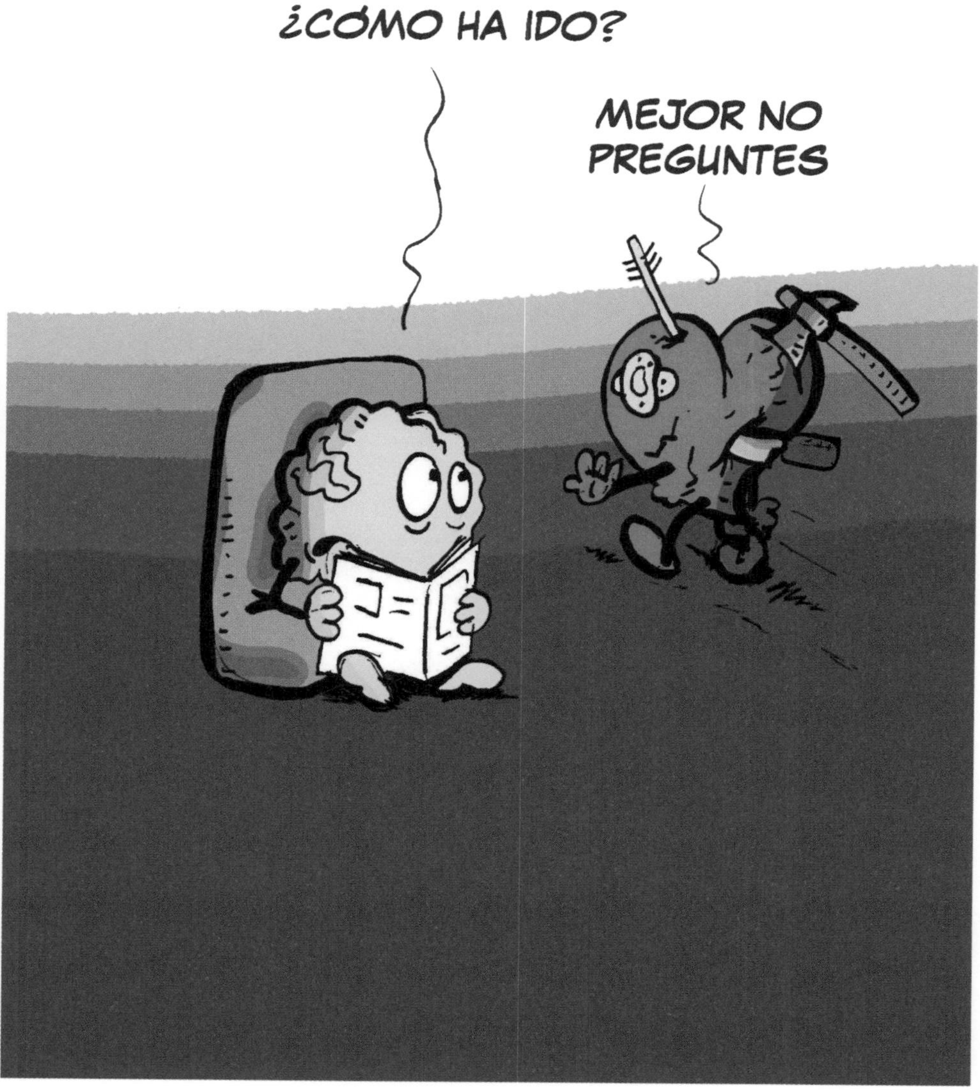
¿CÓMO HA IDO?
MEJOR NO PREGUNTES

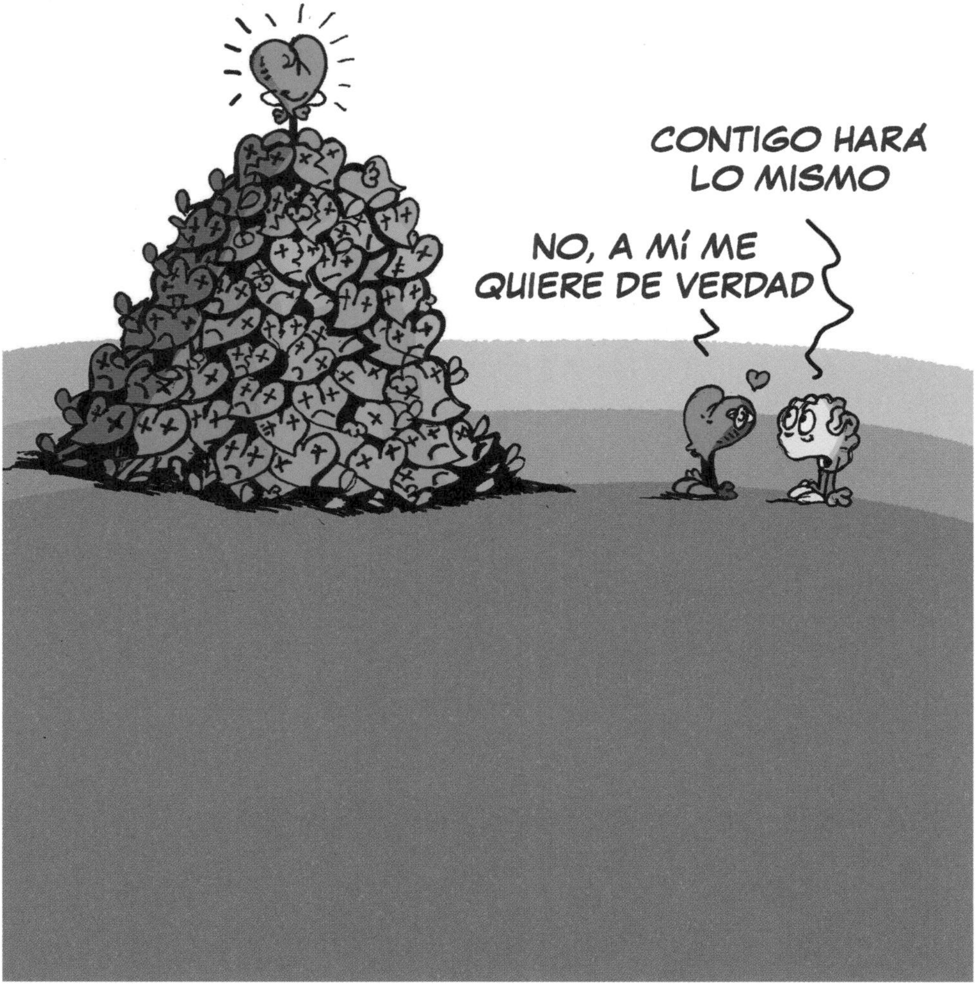
CONTIGO HARÁ
LO MISMO
NO, A MÍ ME
QUIERE DE VERDAD

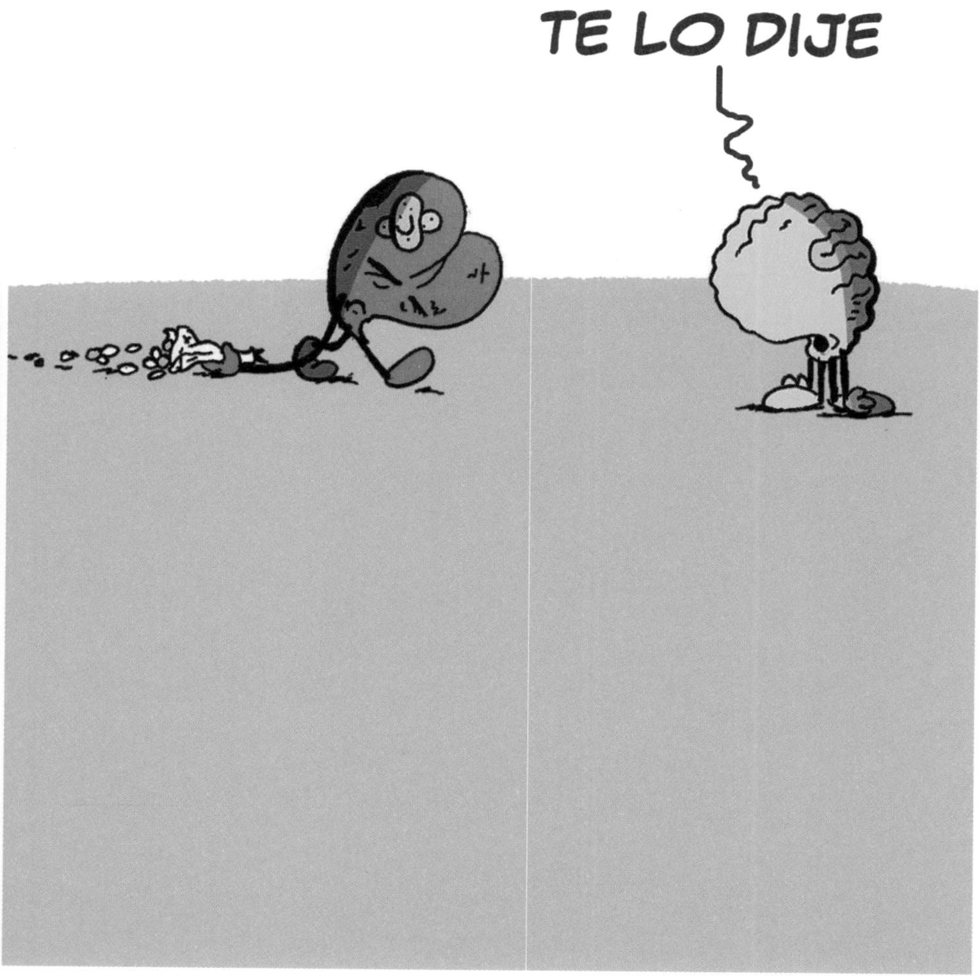
TE LO DIJE

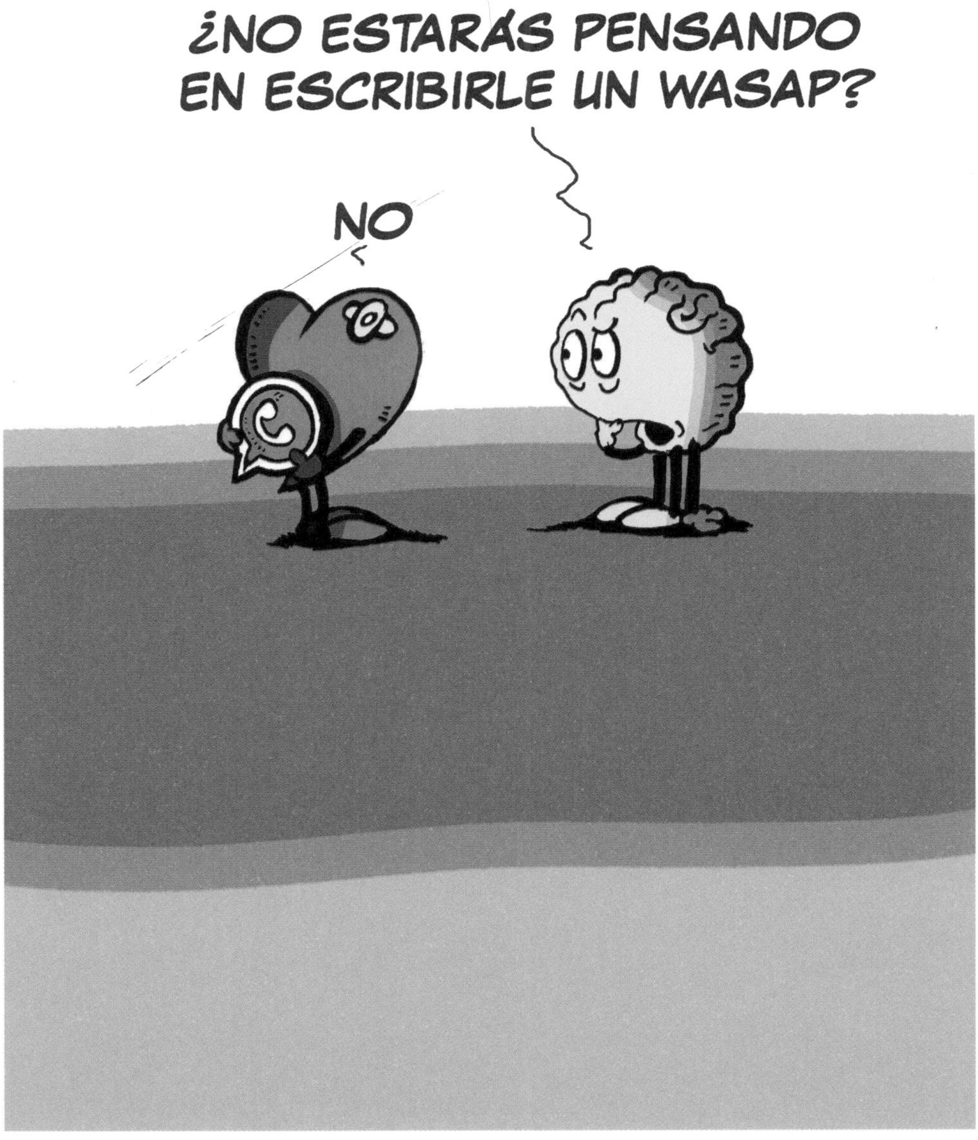
¿NO ESTARÁS PENSANDO EN ESCRIBIRLE UN WASAP?
NO

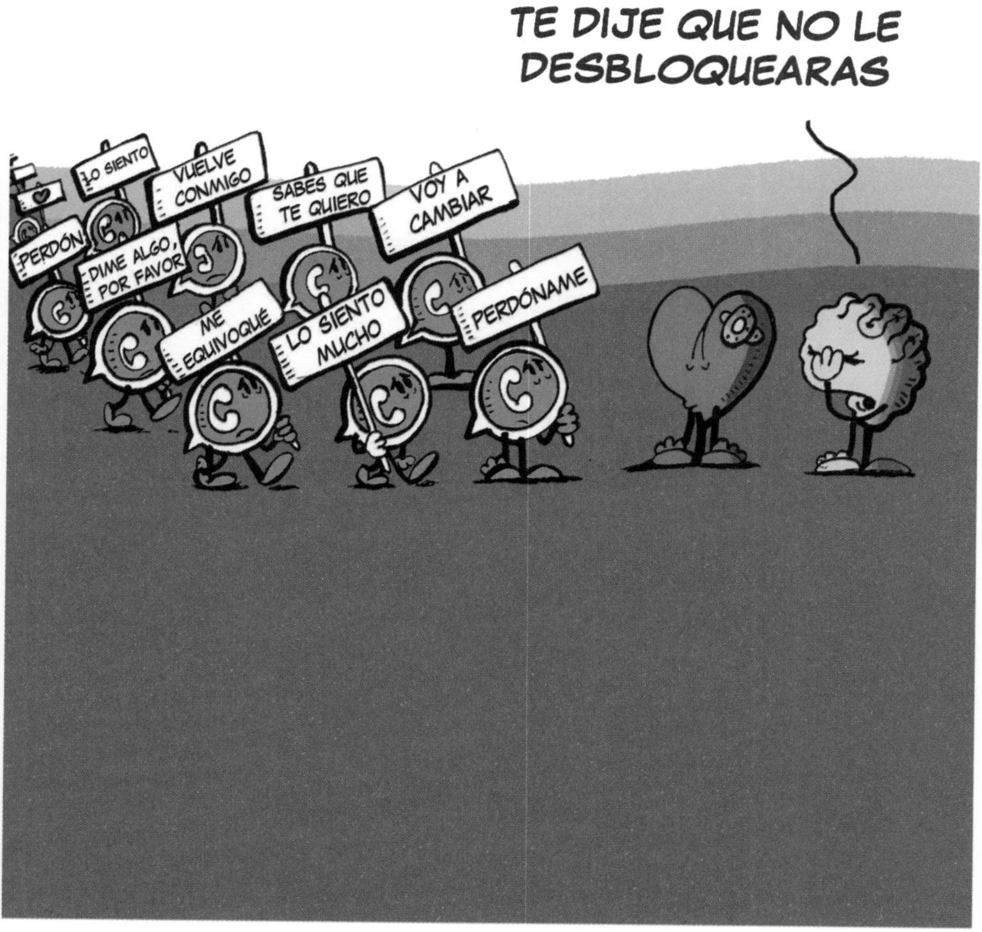
TE DIJE QUE NO LE DESBLOQUEARAS
LO SIENTO
VUELVE CONMIGO
SABES QUE TE QUIERO
VOY A CAMBIAR
PERDÓN
DIME ALGO, POR FAVOR
ME EQUIVOQUÉ
LO SIENTO MUCHO
PERDÓNAME

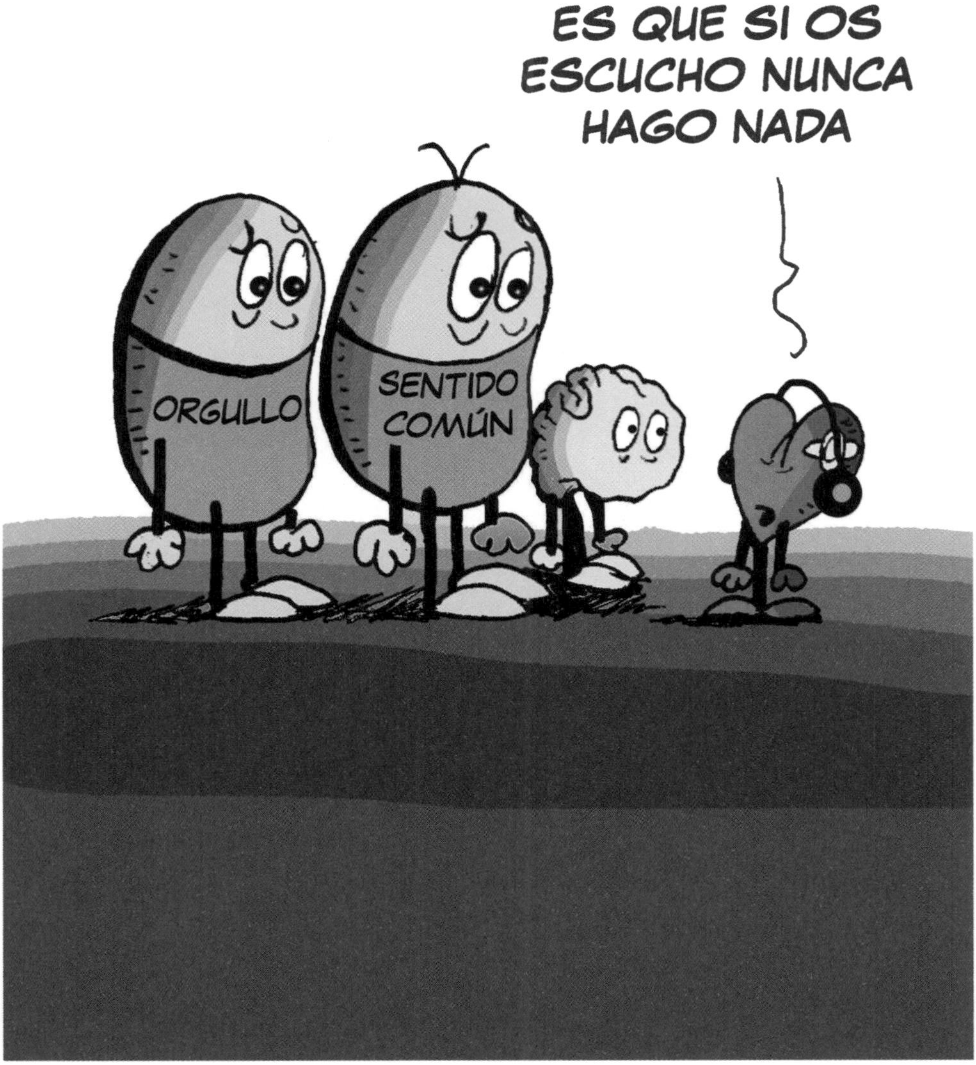
ES QUE SI OS ESCUCHO NUNCA HAGO NADA
ORGULLO
SENTIDO COMÚN

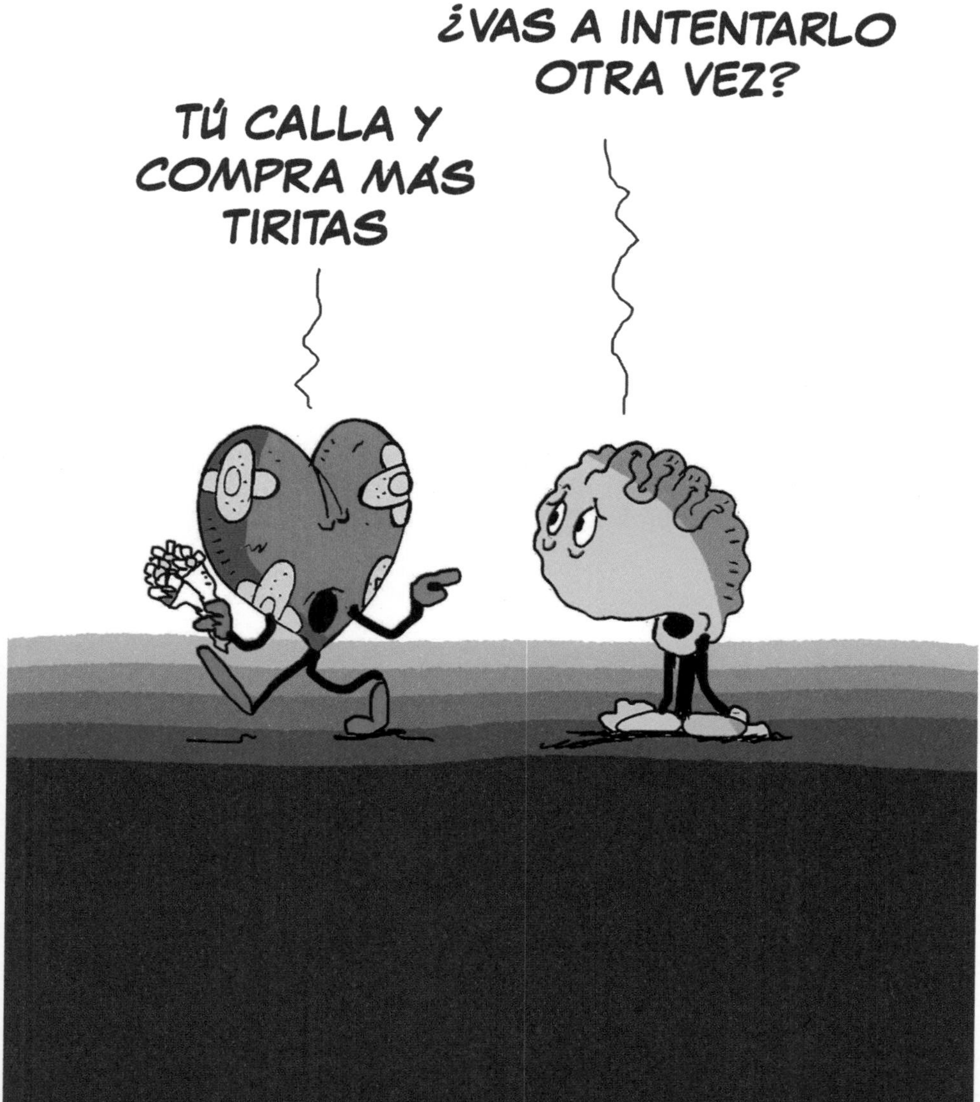
¿VAS A INTENTARLO OTRA VEZ?
TÚ CALLA Y COMPRA MÁS TIRITAS

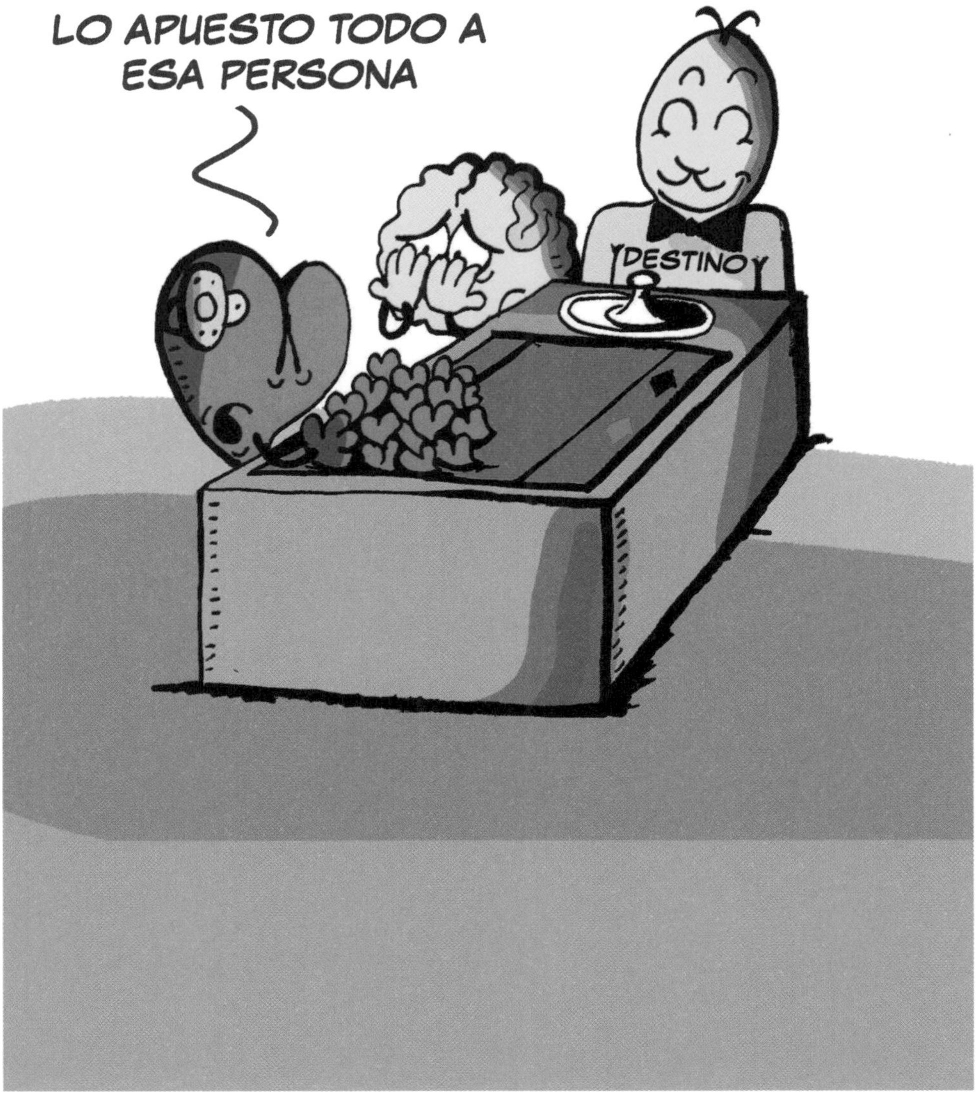
LO APUESTO TODO A ESA PERSONA
DESTINO

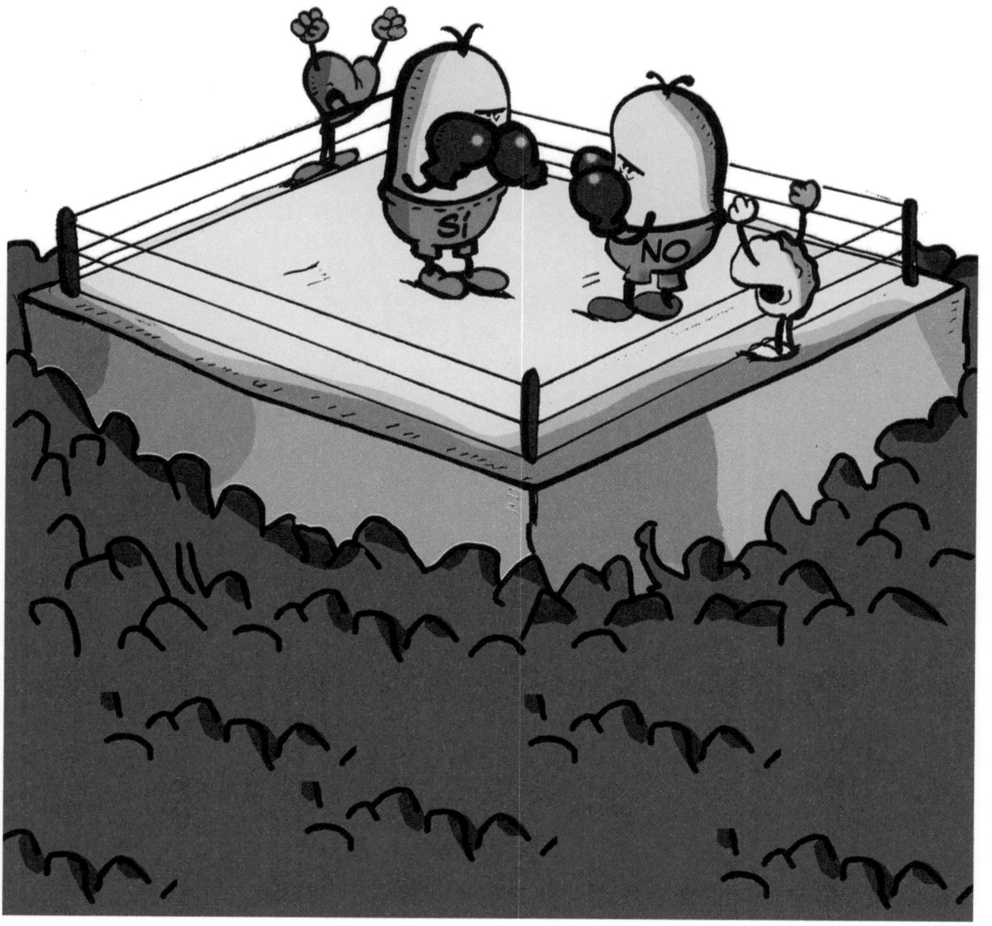
SÍ
NO

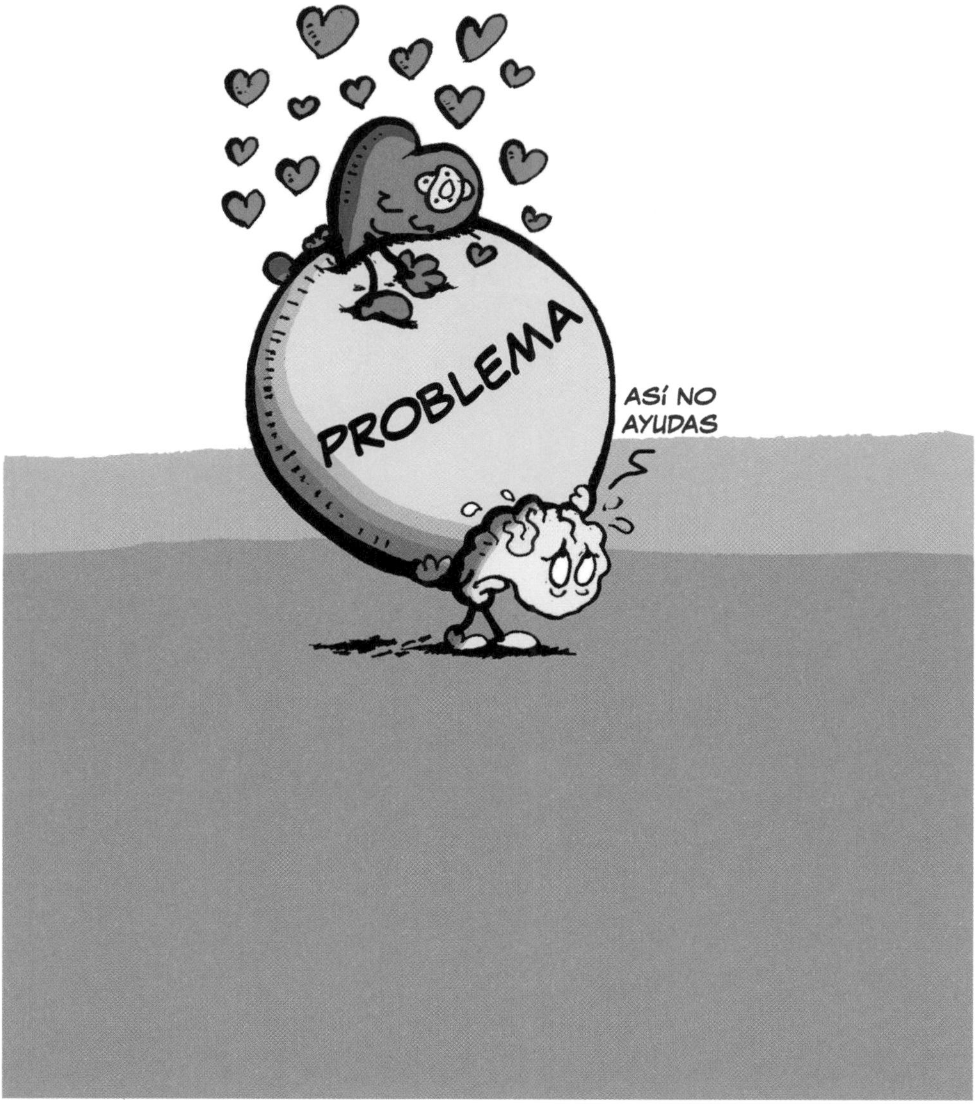
PROBLEMA
ASÍ NO
AYUDAS

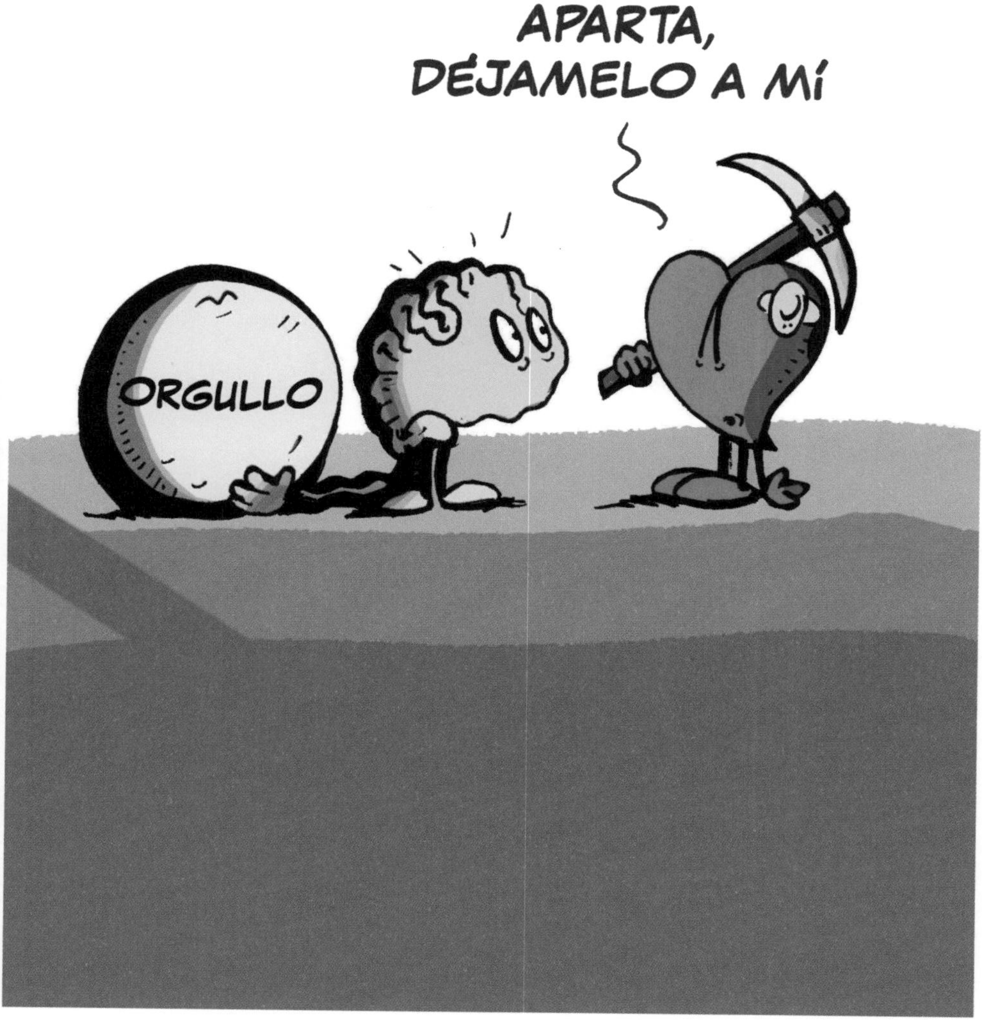
APARTA,
DÉJAMELO A MÍ
ORGULLO

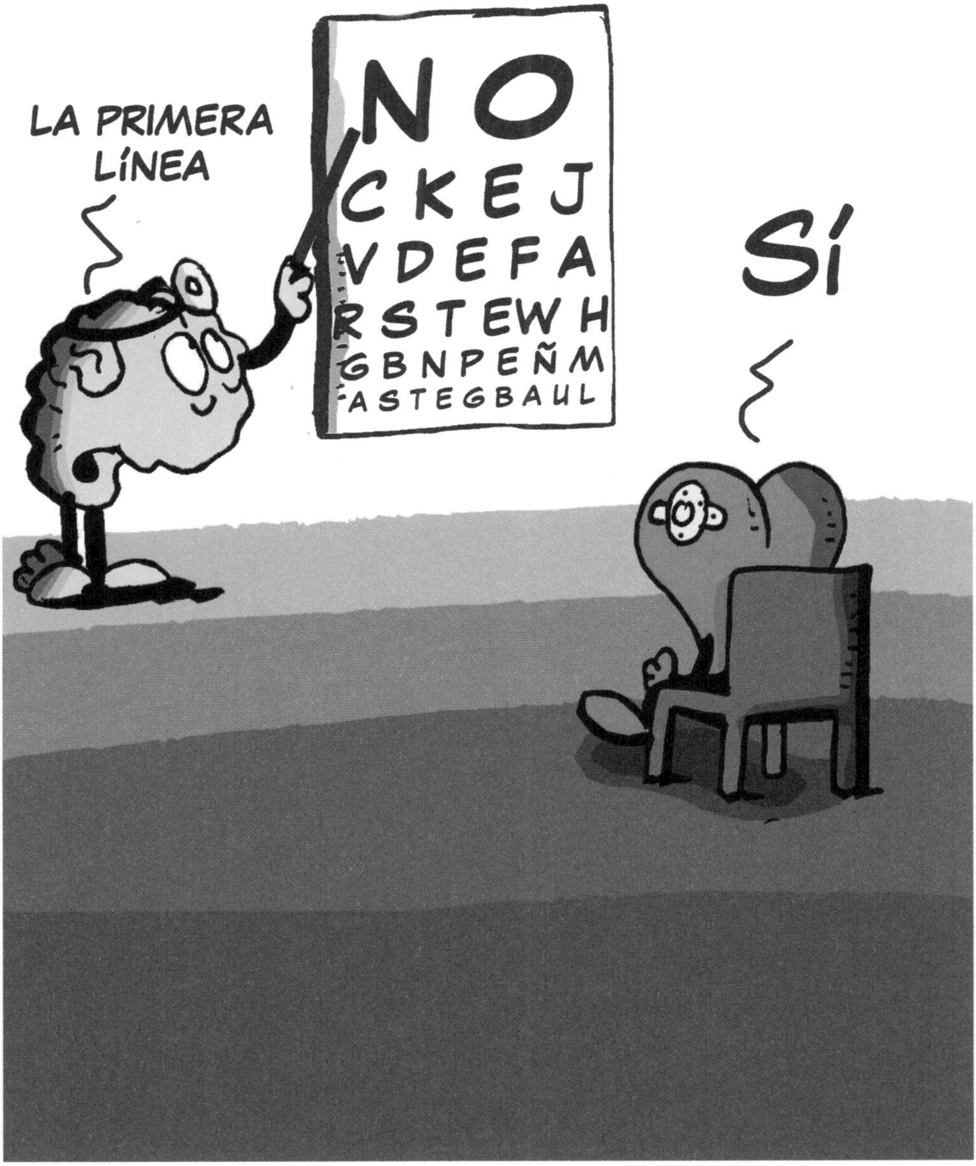
LA PRIMERA LÍNEA
NO
CKEJ
VDEFA
RSTEWH
GBNPEÑM
ASTEGBAUL
SÍ

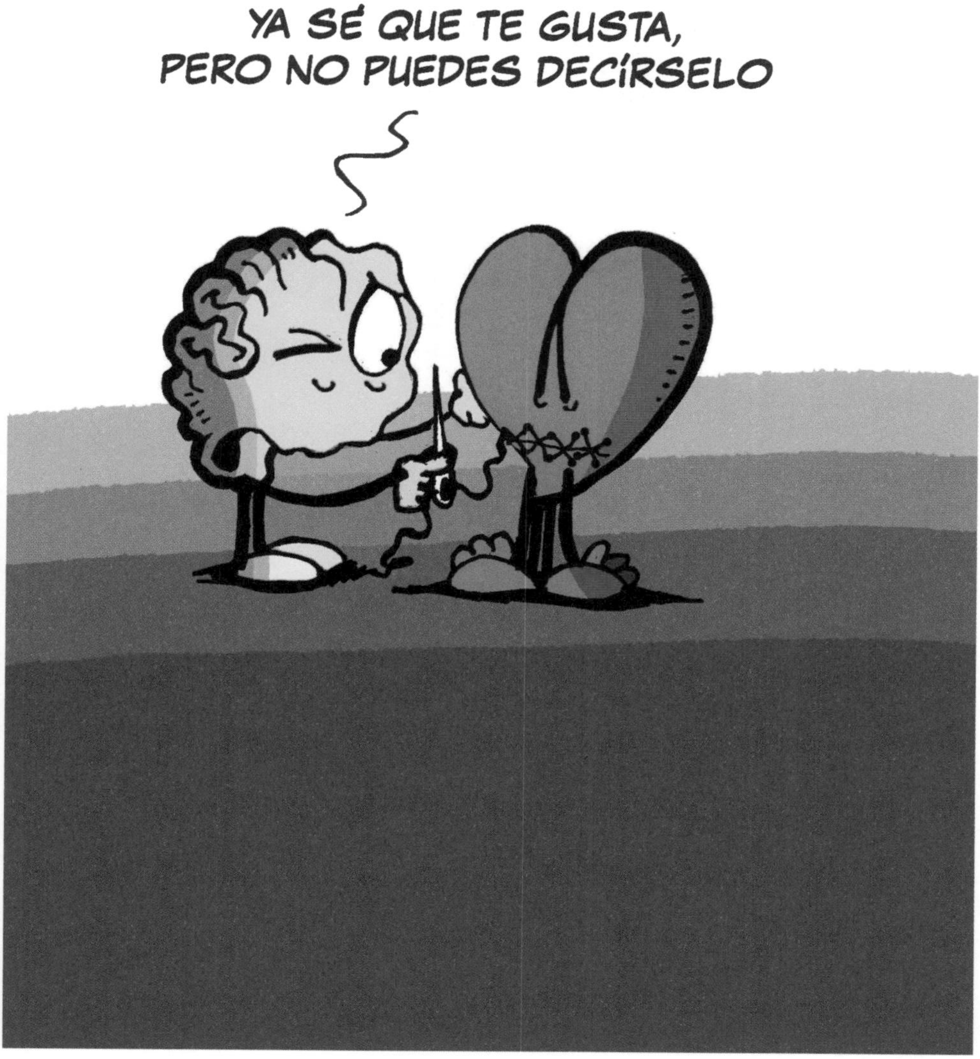
YA SÉ QUE TE GUSTA,
PERO NO PUEDES DECÍRSELO

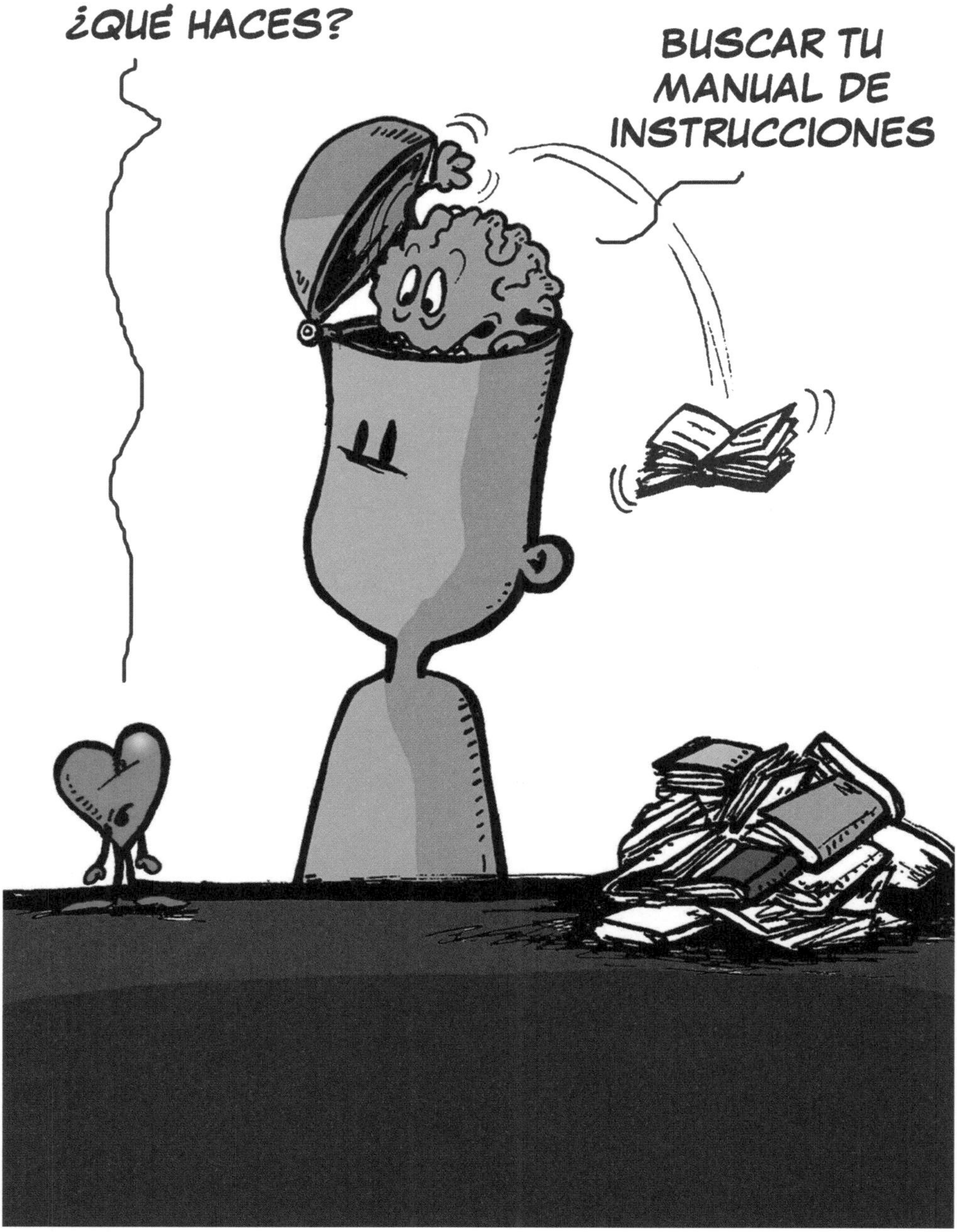
¿QUÉ HACES?
BUSCAR TU MANUAL DE INSTRUCCIONES

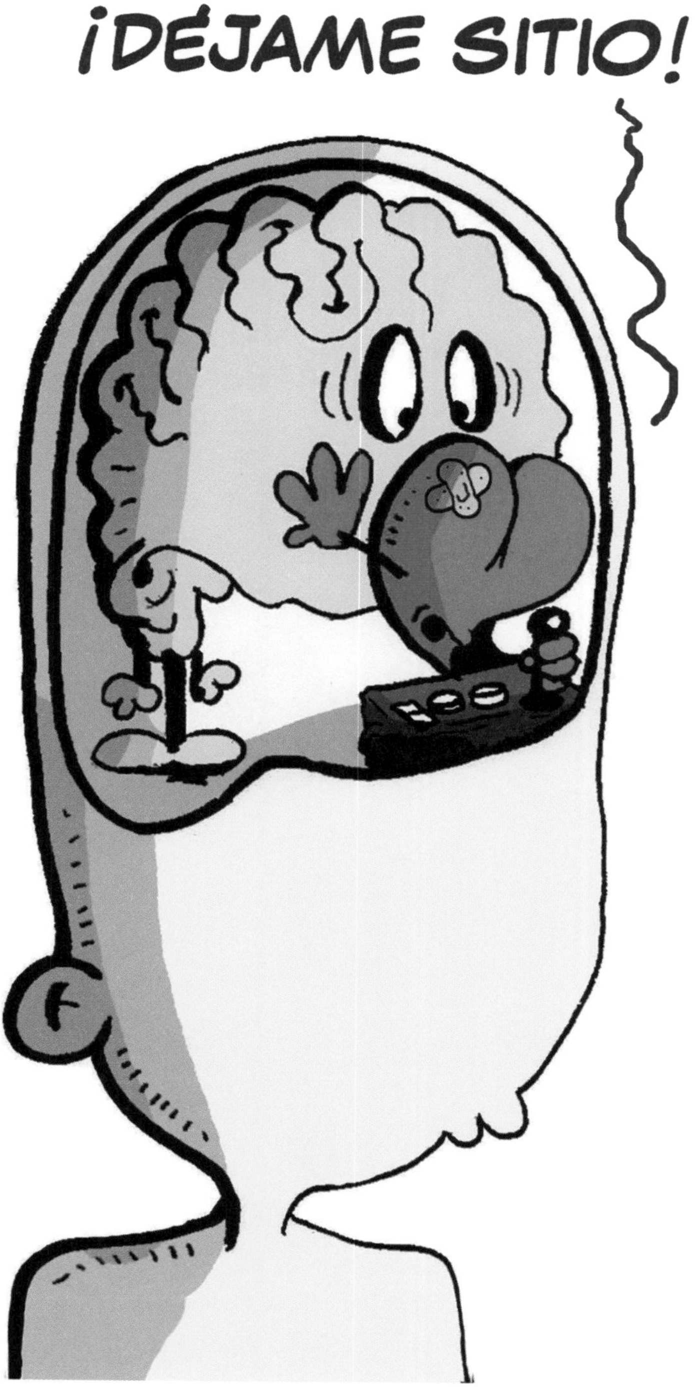
¡DÉJAME SITIO!

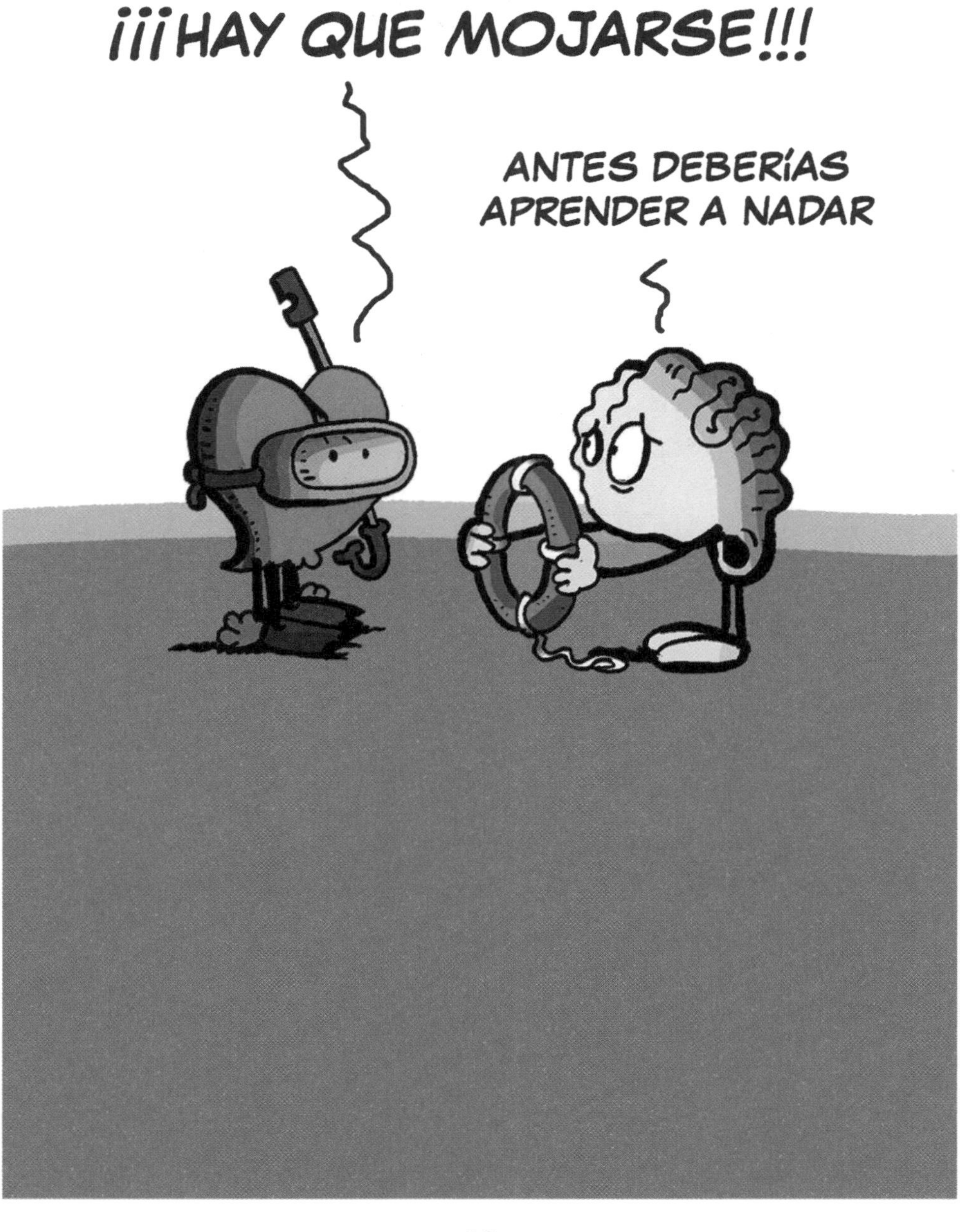
¡¡¡HAY QUE MOJARSE!!!
ANTES DEBERÍAS APRENDER A NADAR

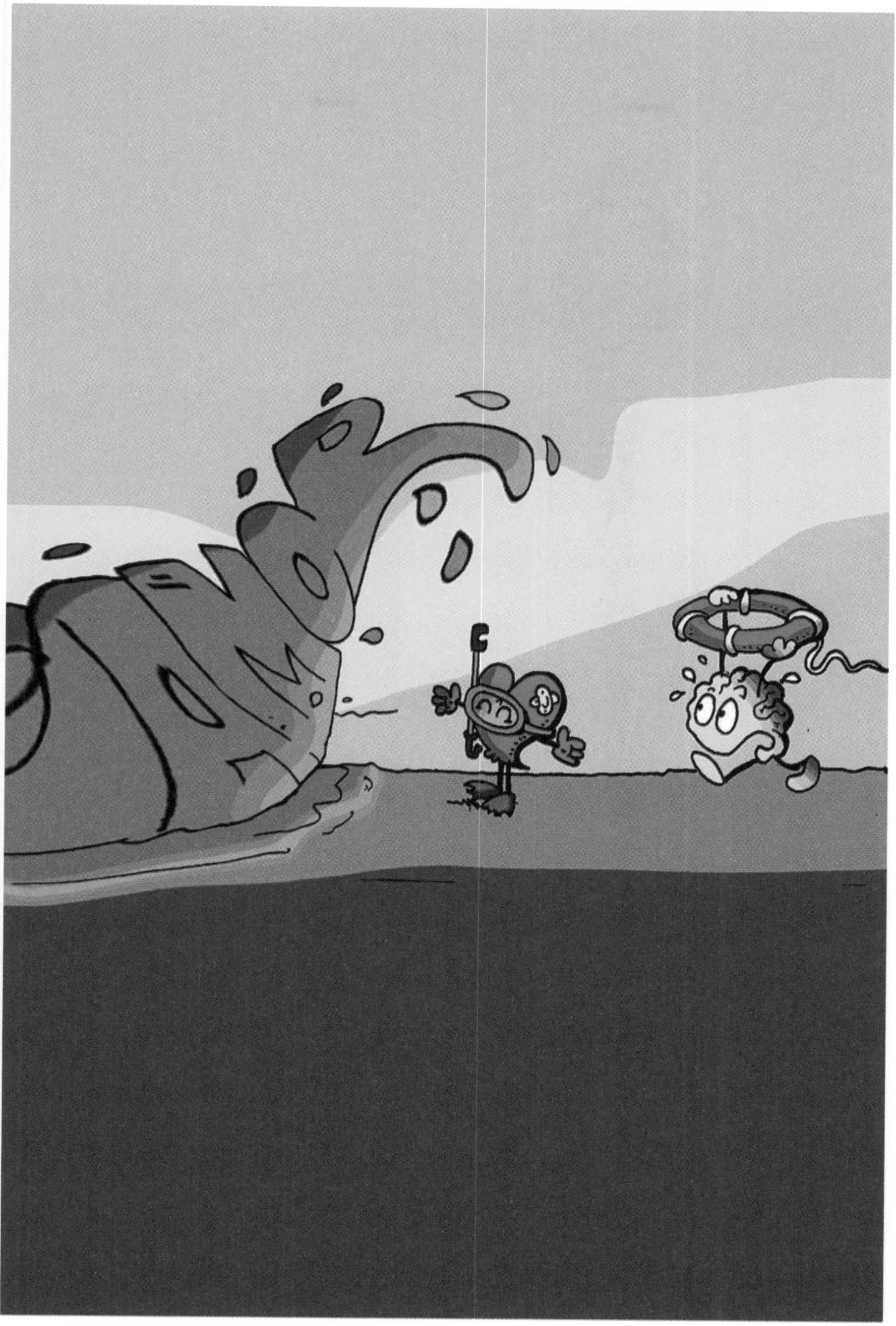

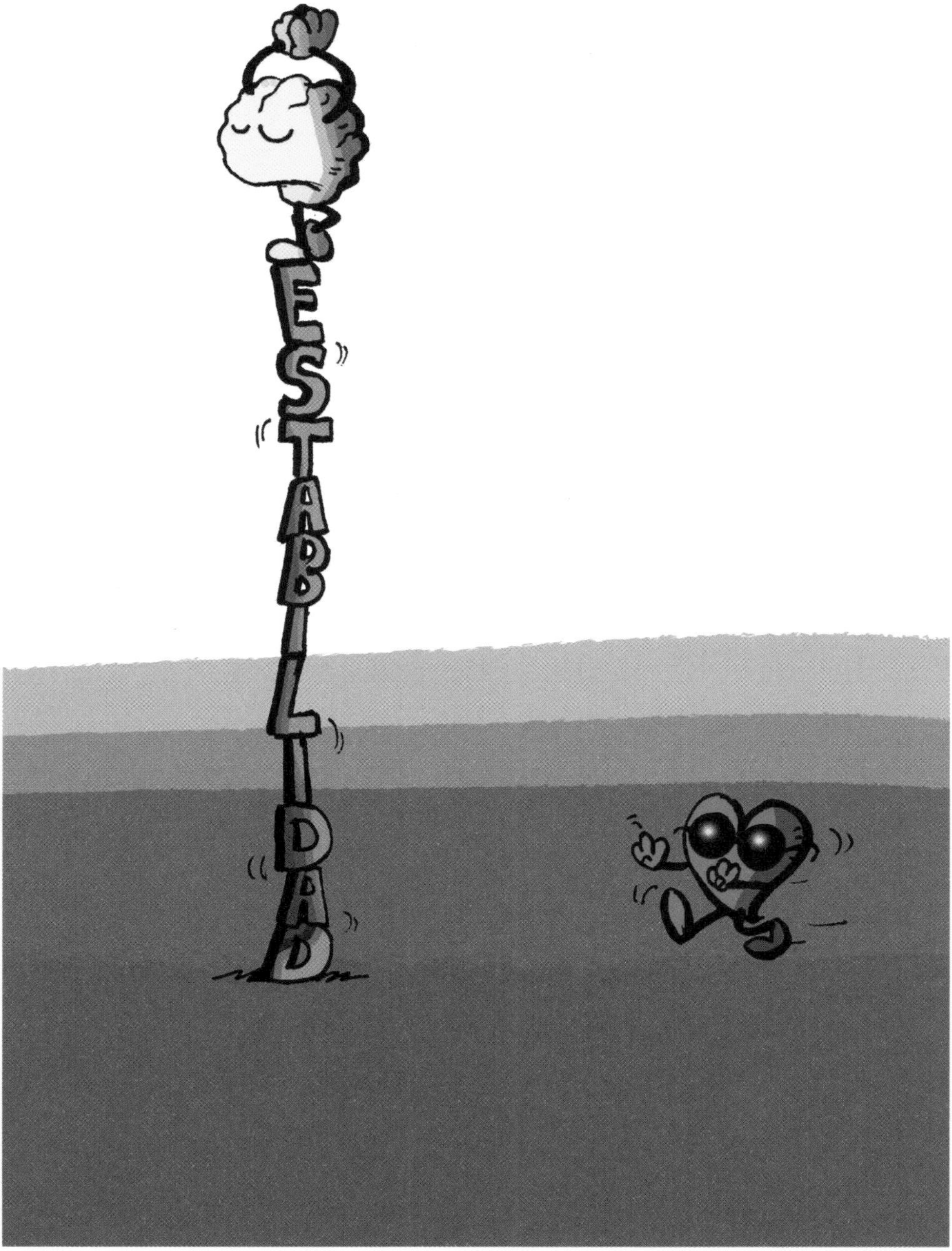
ESTABILIDAD

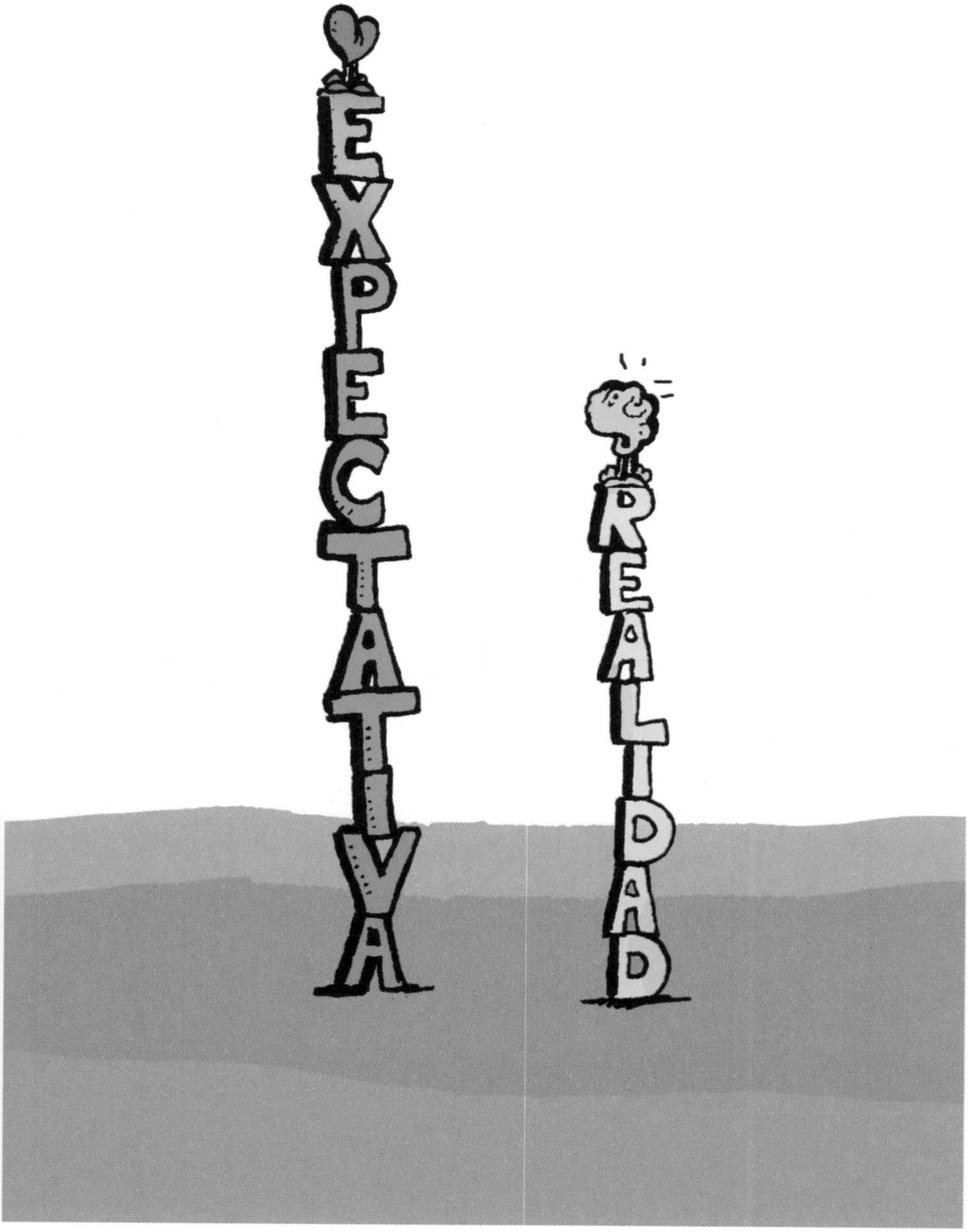
EXPECTATIVA
REALIDAD

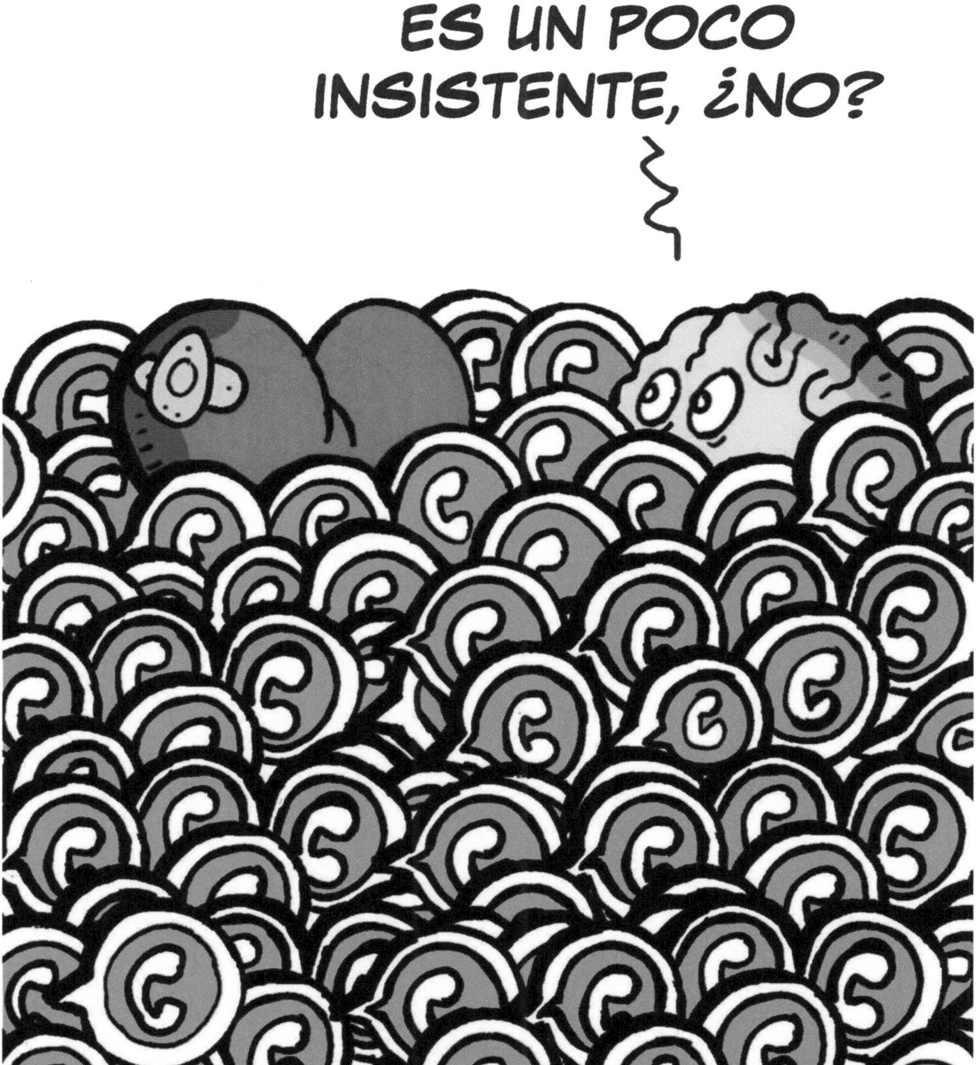
ES UN POCO INSISTENTE, ¿NO?

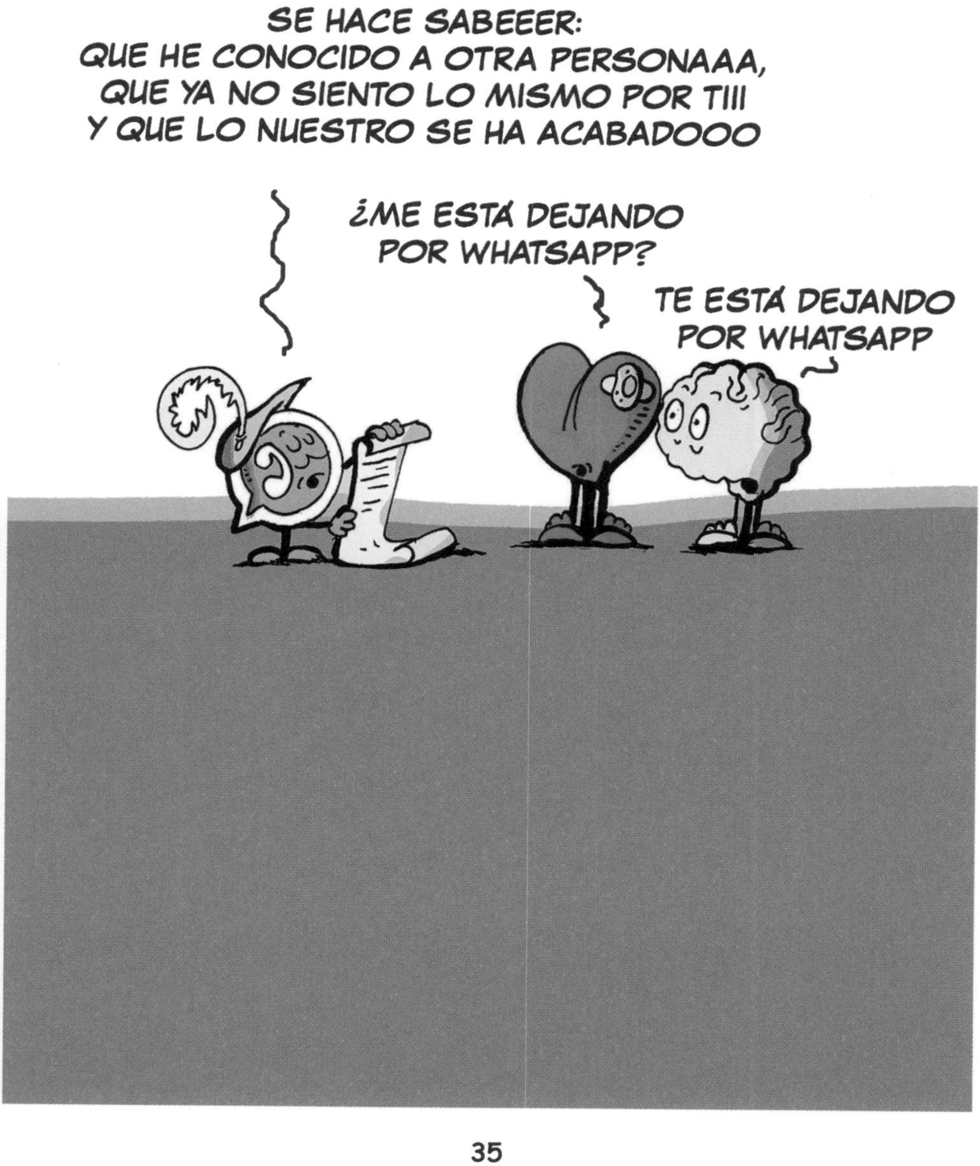
SE HACE SABEEER:
QUE HE CONOCIDO A OTRA PERSONAAA,
QUE YA NO SIENTO LO MISMO POR TIII
Y QUE LO NUESTRO SE HA ACABADOOO
¿ME ESTÁ DEJANDO POR WHATSAPP?
TE ESTÁ DEJANDO POR WHATSAPP

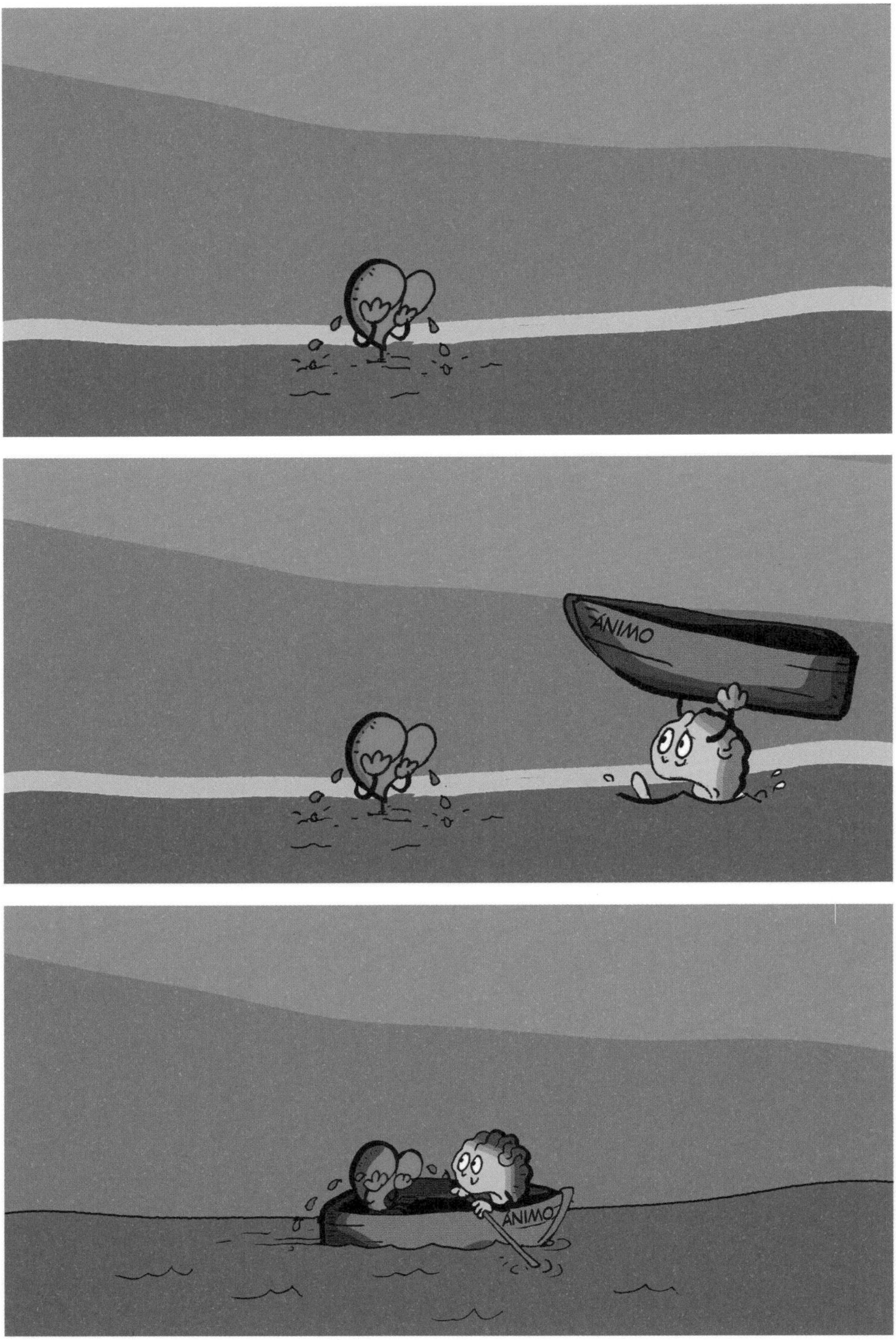
ÁNIMO
ÁNIMO

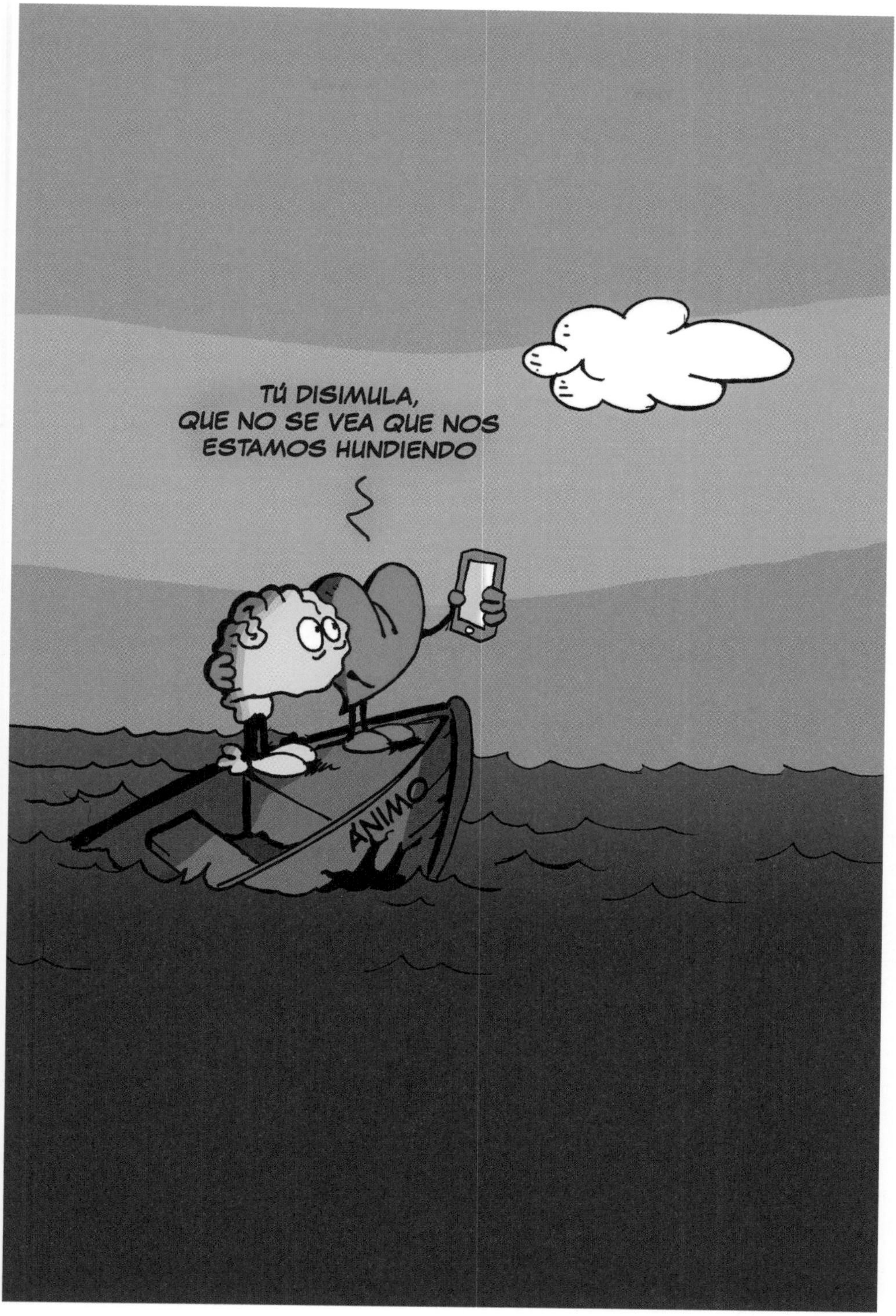
TÚ DISIMULA, QUE NO SE VEA QUE NOS ESTAMOS HUNDIENDO
ÁNIMO

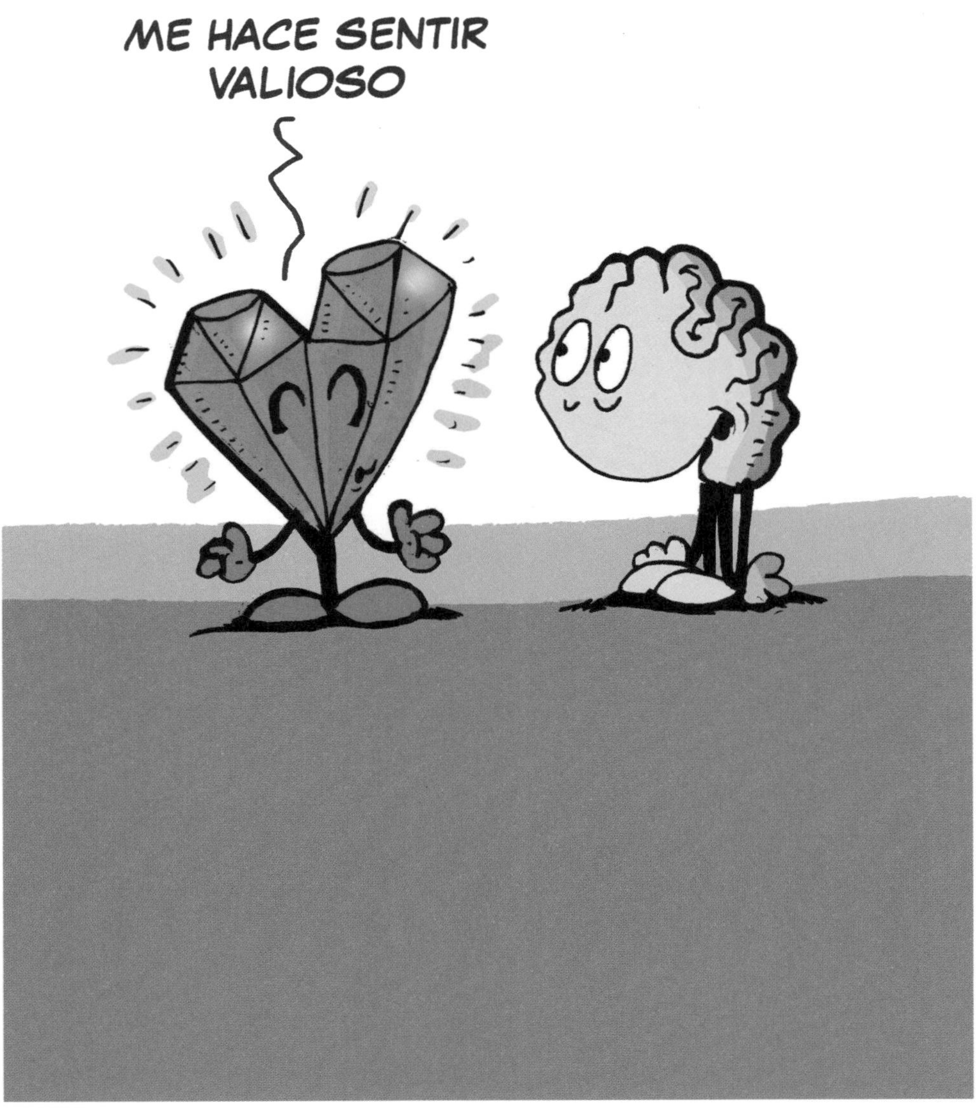
ME HACE SENTIR VALIOSO

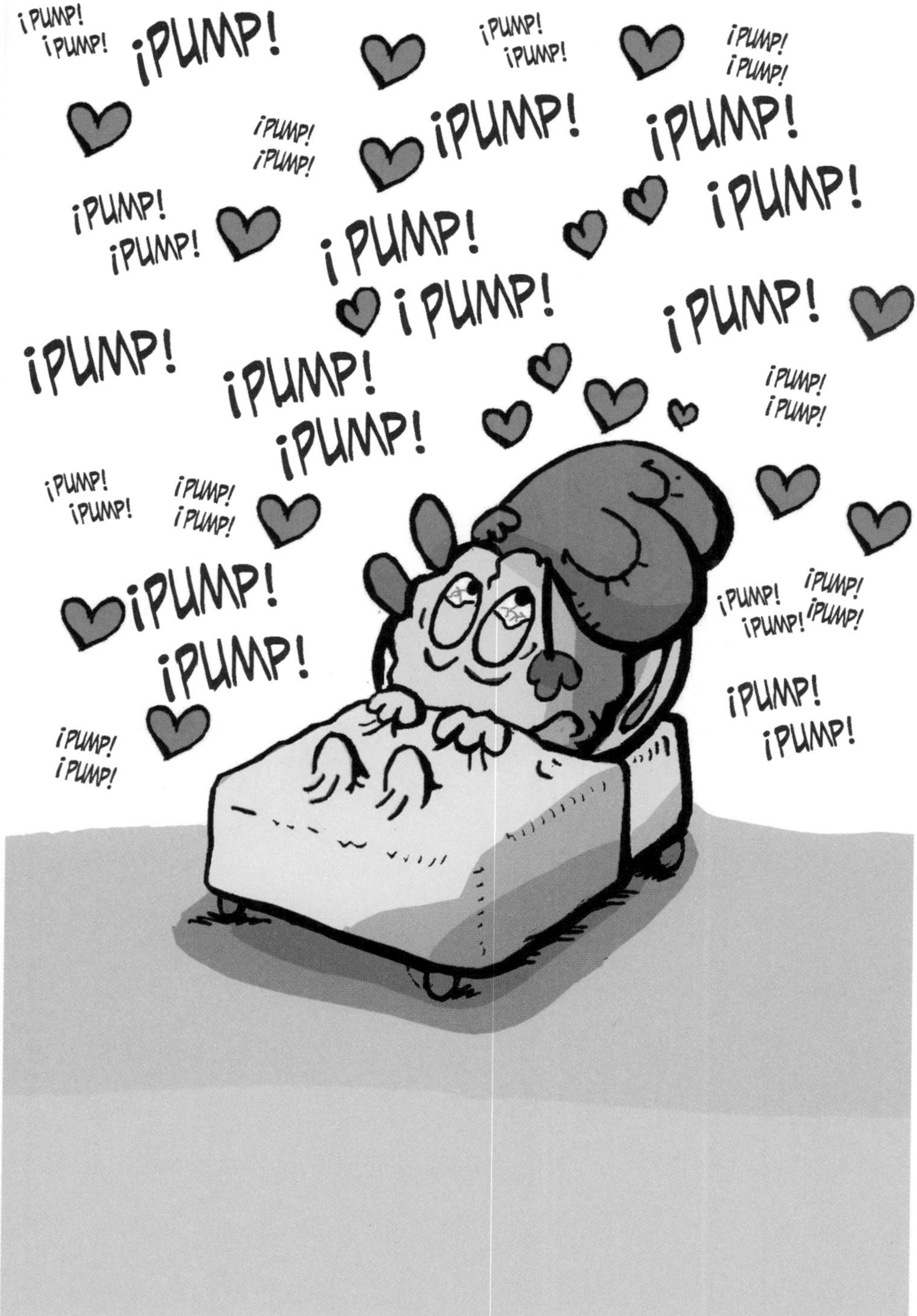
¡PUMP! ¡PUMP!
¡PUMP!
¡PUMP! ¡PUMP!
¡PUMP! ¡PUMP!
¡PUMP! ¡PUMP!
¡PUMP!
¡PUMP!
¡PUMP! ¡PUMP!
¡PUMP!
¡PUMP!
¡PUMP!
¡PUMP!
¡PUMP!
¡PUMP!
¡PUMP! ¡PUMP!
¡PUMP!
¡PUMP! ¡PUMP!
¡PUMP! ¡PUMP!
¡PUMP!
¡PUMP!
¡PUMP! ¡PUMP!
¡PUMP! ¡PUMP!
¡PUMP! ¡PUMP!
¡PUMP! ¡PUMP!

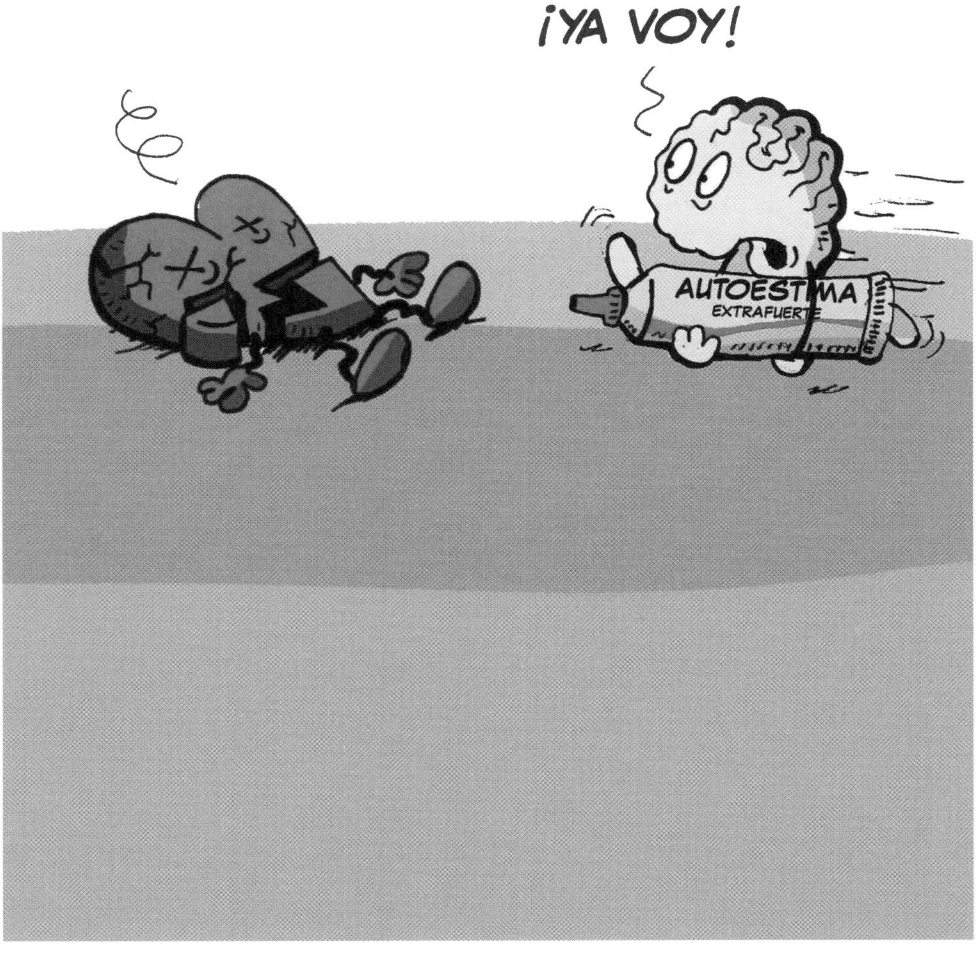
¡YA VOY!
AUTOESTIMA
EXTRAFUERTE

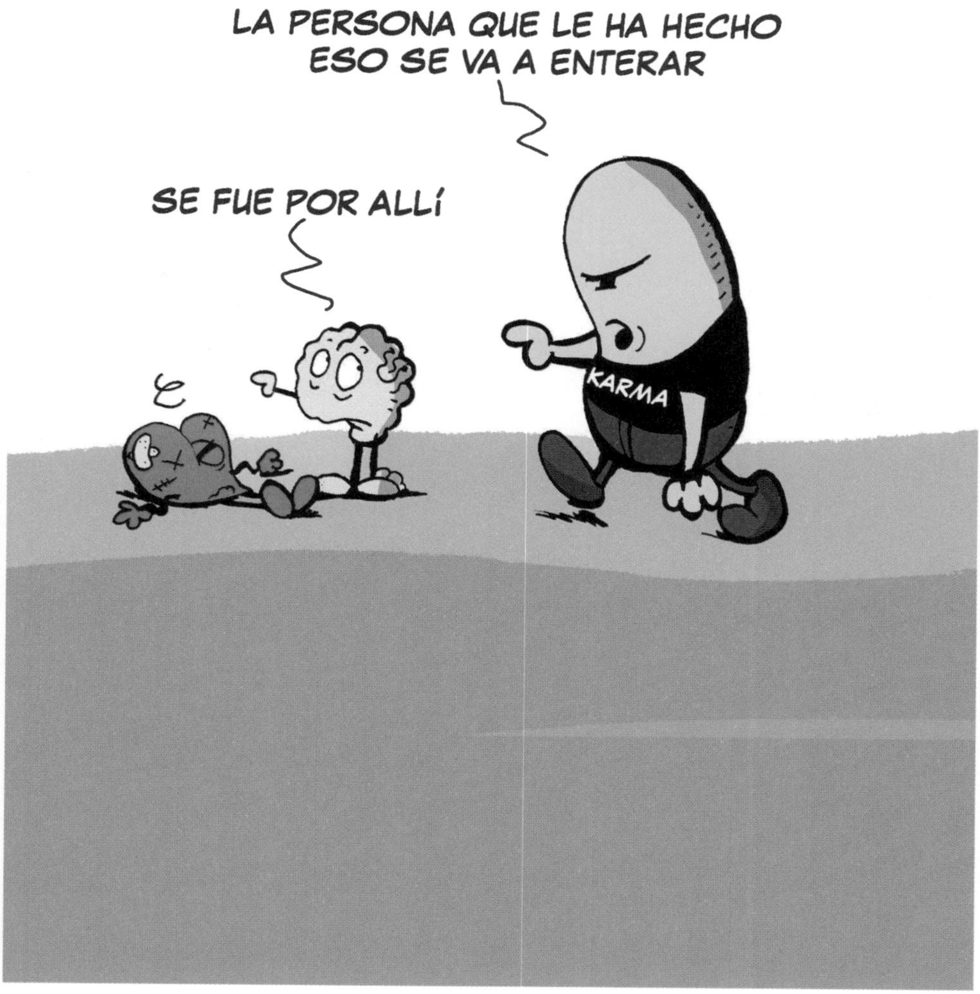
LA PERSONA QUE LE HA HECHO ESO SE VA A ENTERAR
SE FUE POR ALLÍ
KARMA

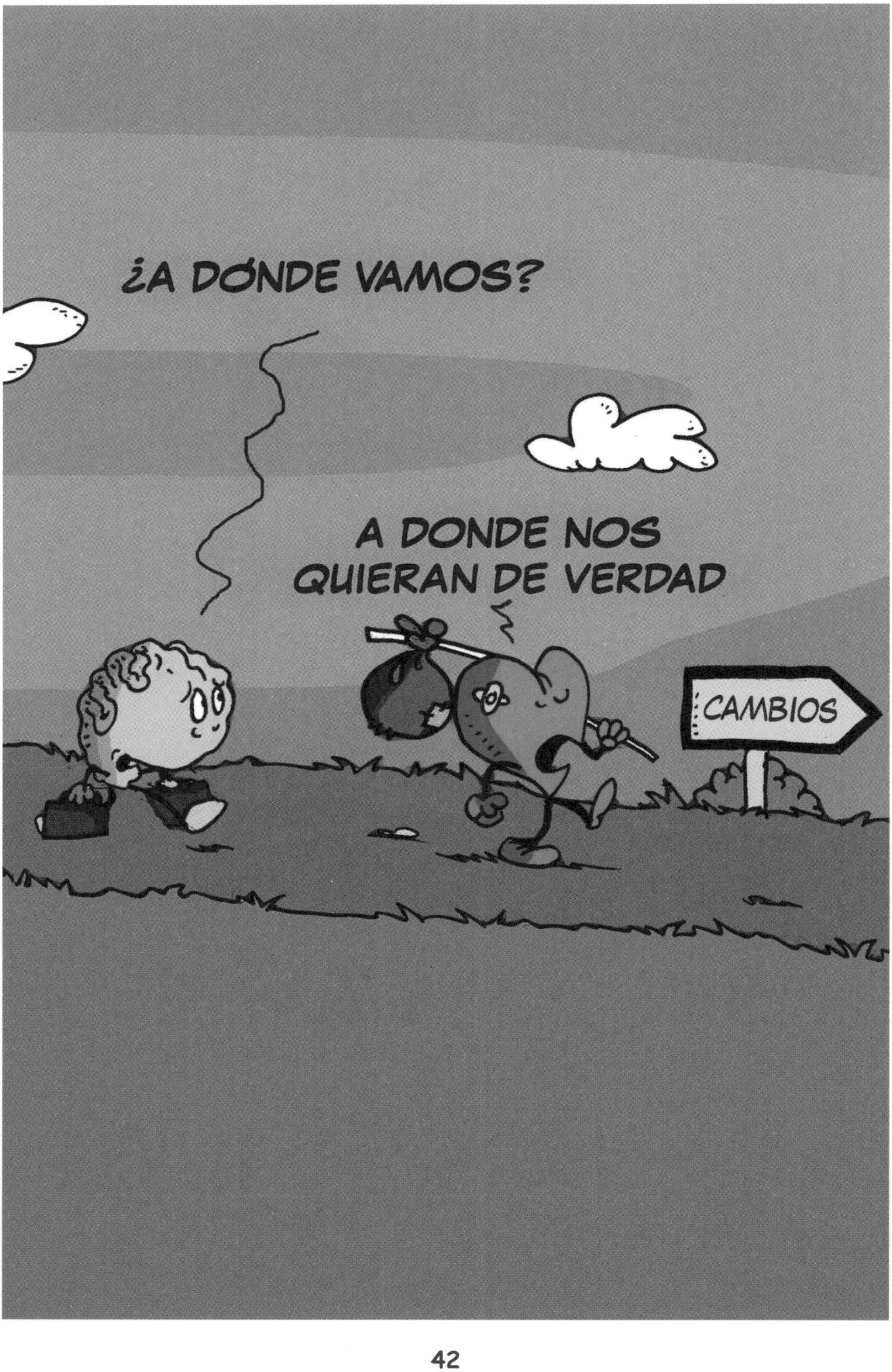
¿A DONDE VAMOS?
A DONDE NOS QUIERAN DE VERDAD
CAMBIOS

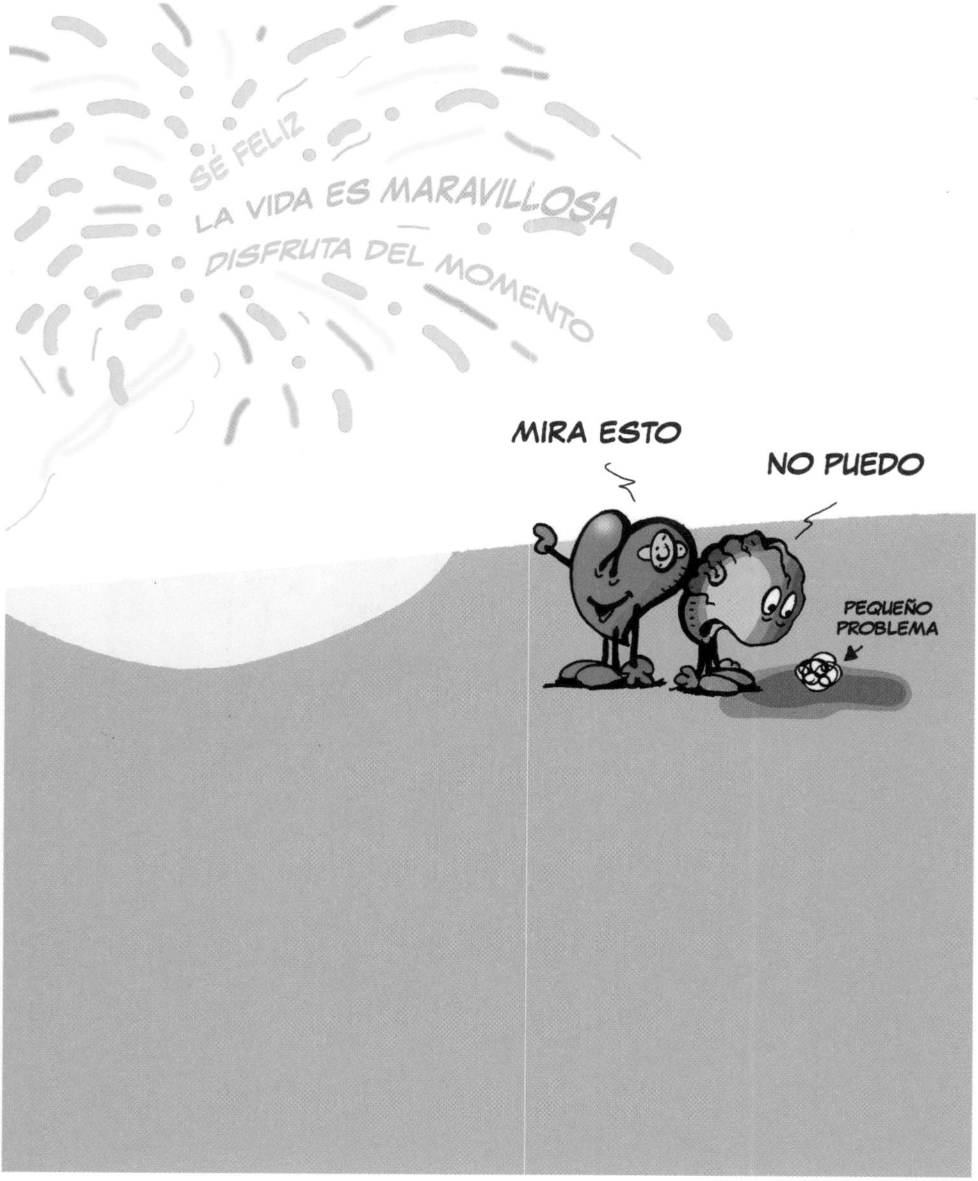
SÉ FELIZ
LA VIDA ES MARAVILLOSA
DISFRUTA DEL MOMENTO
MIRA ESTO
NO PUEDO
PEQUEÑO PROBLEMA

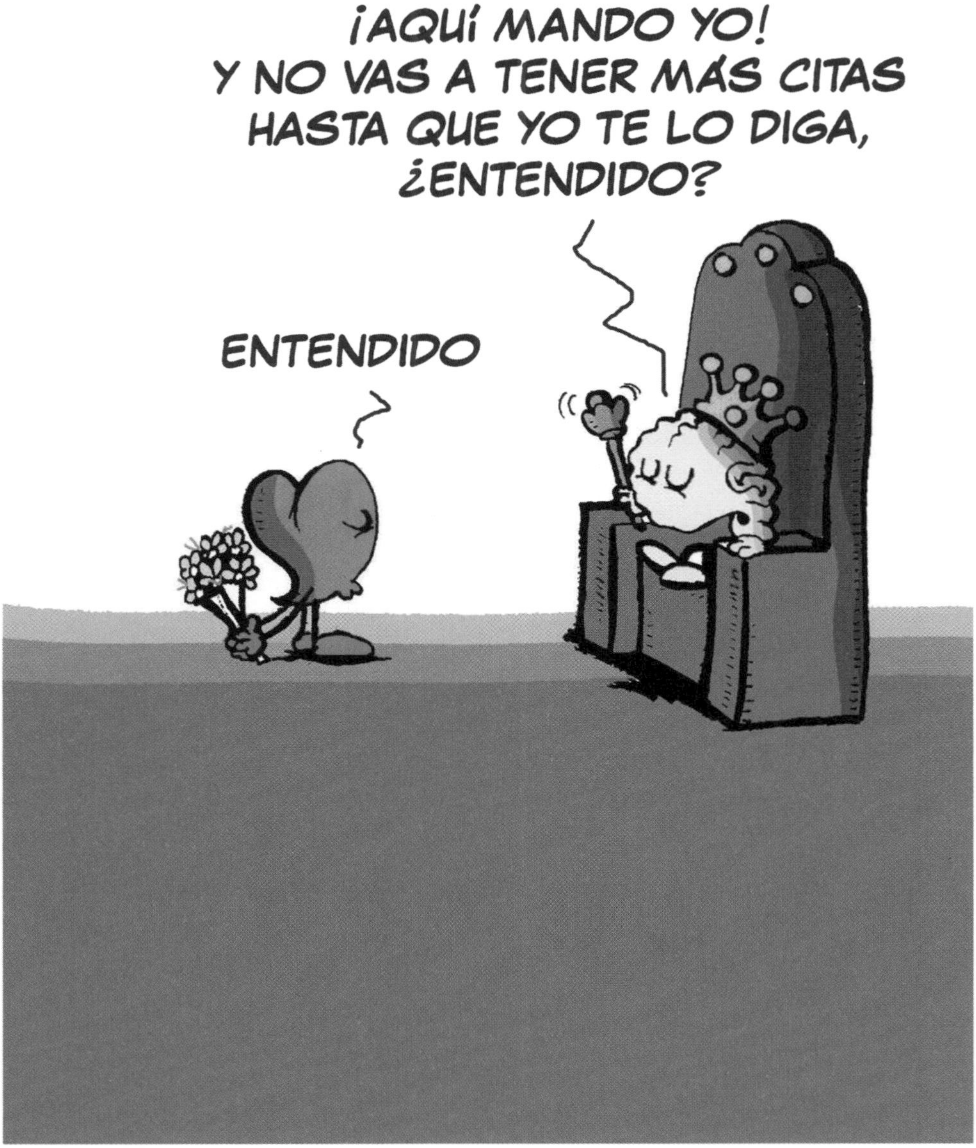
¡AQUÍ MANDO YO!
Y NO VAS A TENER MÁS CITAS
HASTA QUE YO TE LO DIGA,
¿ENTENDIDO?
ENTENDIDO

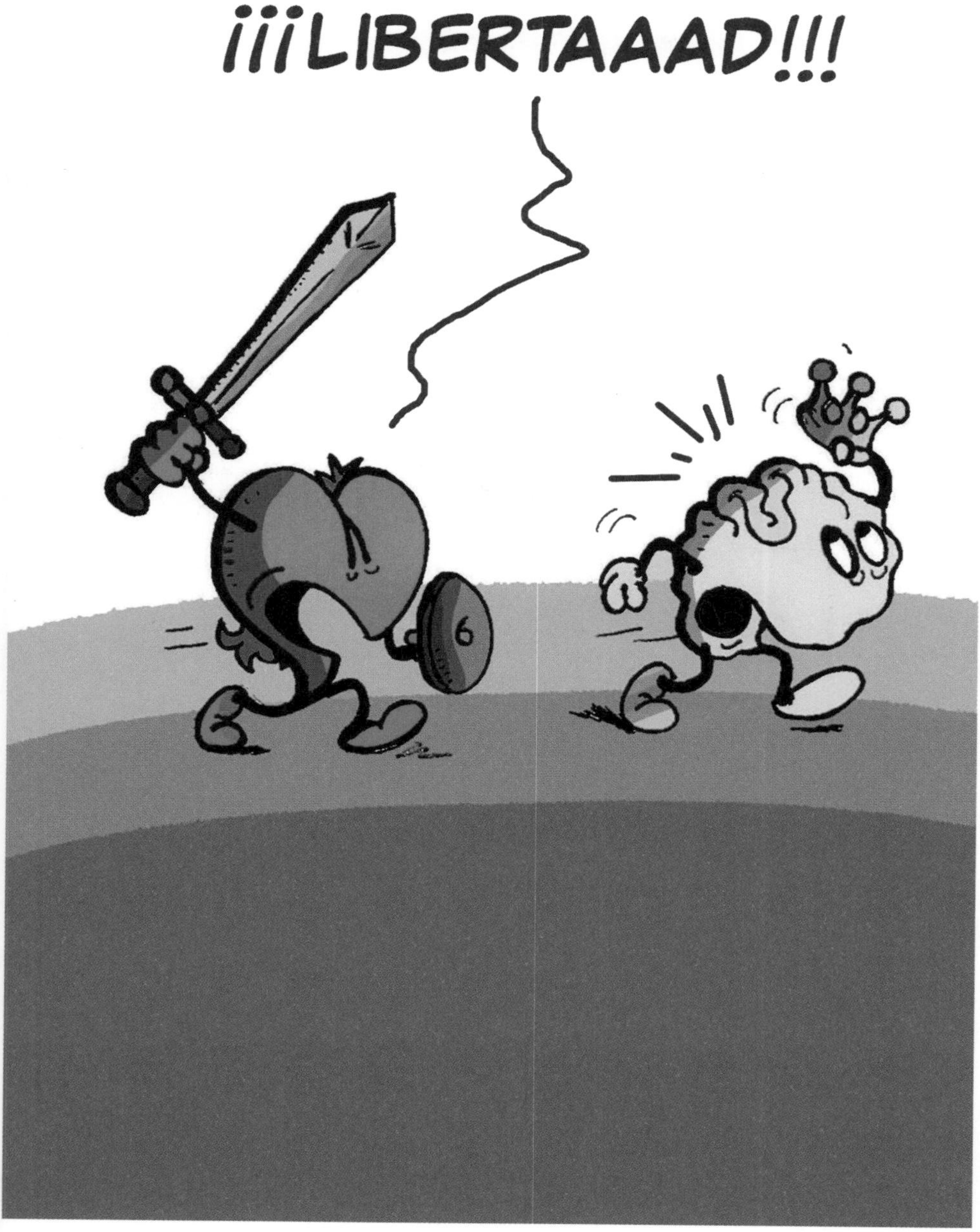
¡¡¡LIBERTAAAD!!!
6

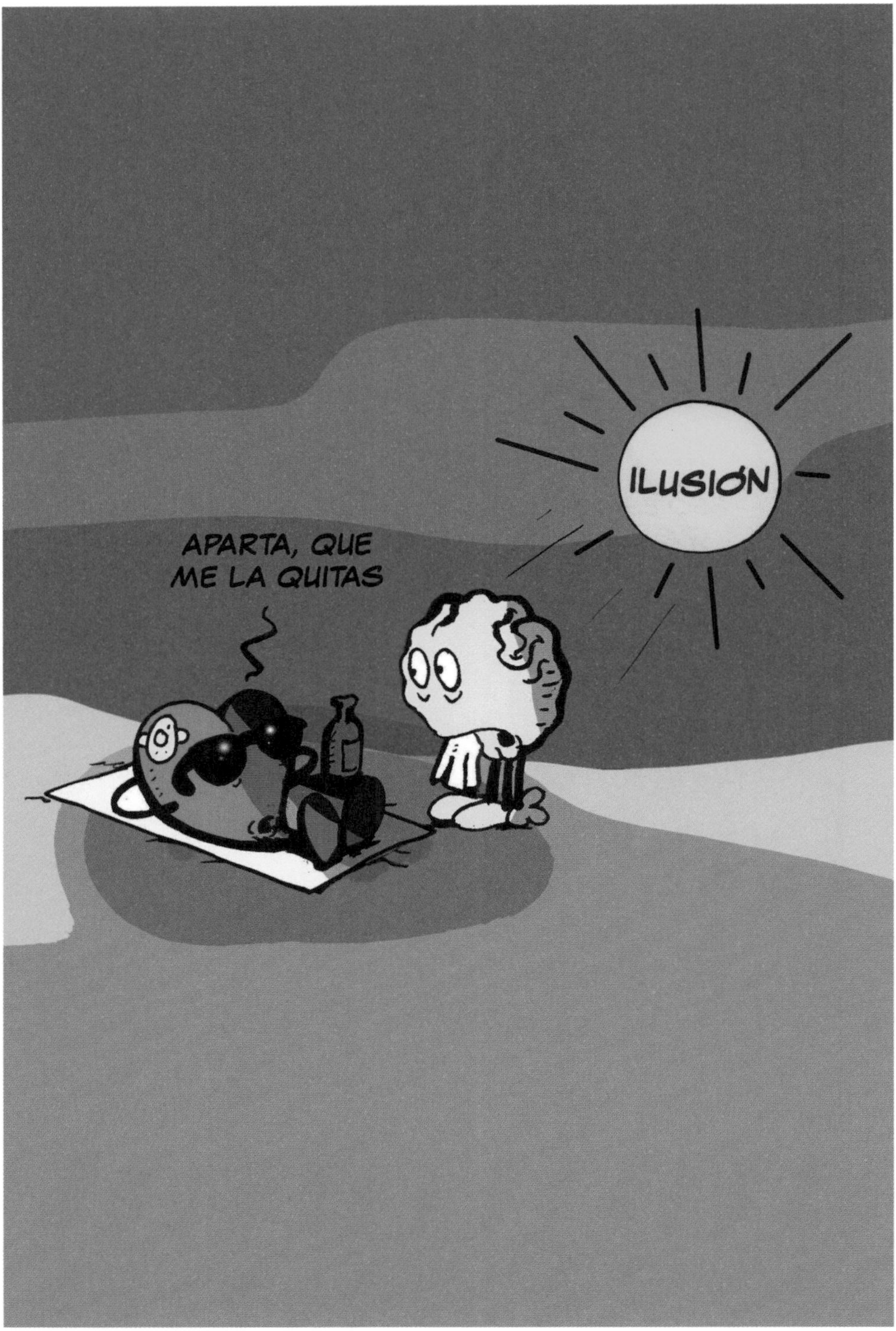
ILUSIÓN
APARTA, QUE
ME LA QUITAS

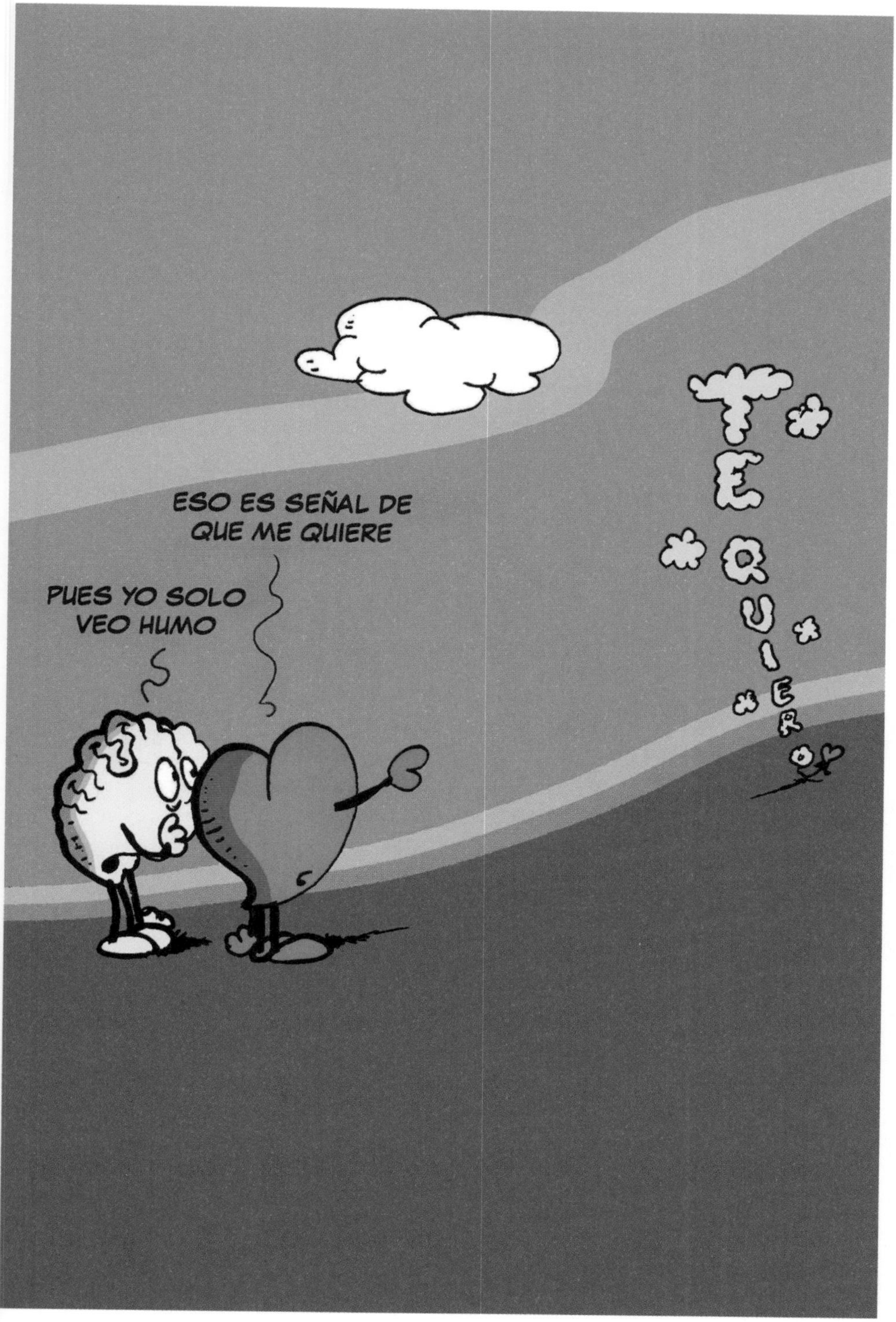
TE QUIERO
ESO ES SEÑAL DE QUE ME QUIERE
PUES YO SOLO VEO HUMO

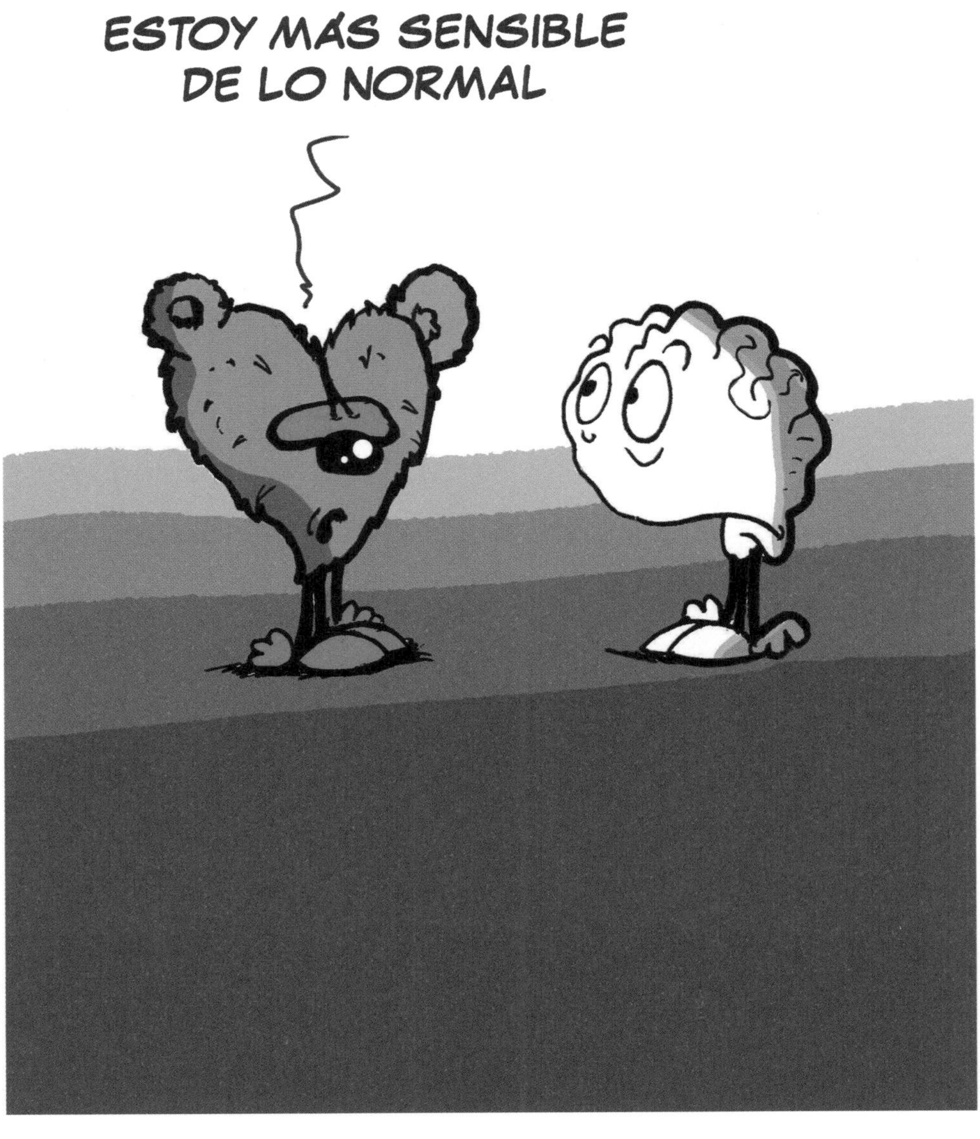
ESTOY MÁS SENSIBLE DE LO NORMAL

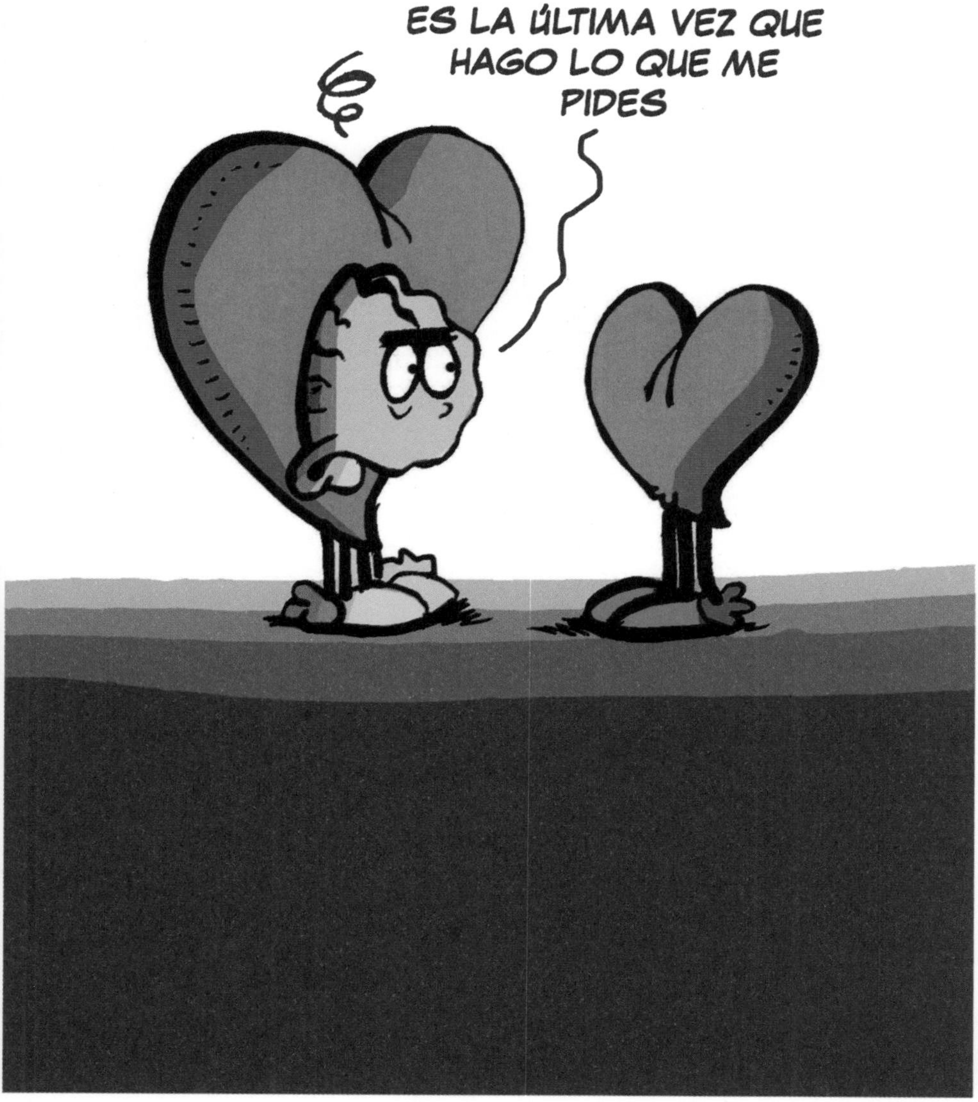
ES LA ÚLTIMA VEZ QUE HAGO LO QUE ME PIDES

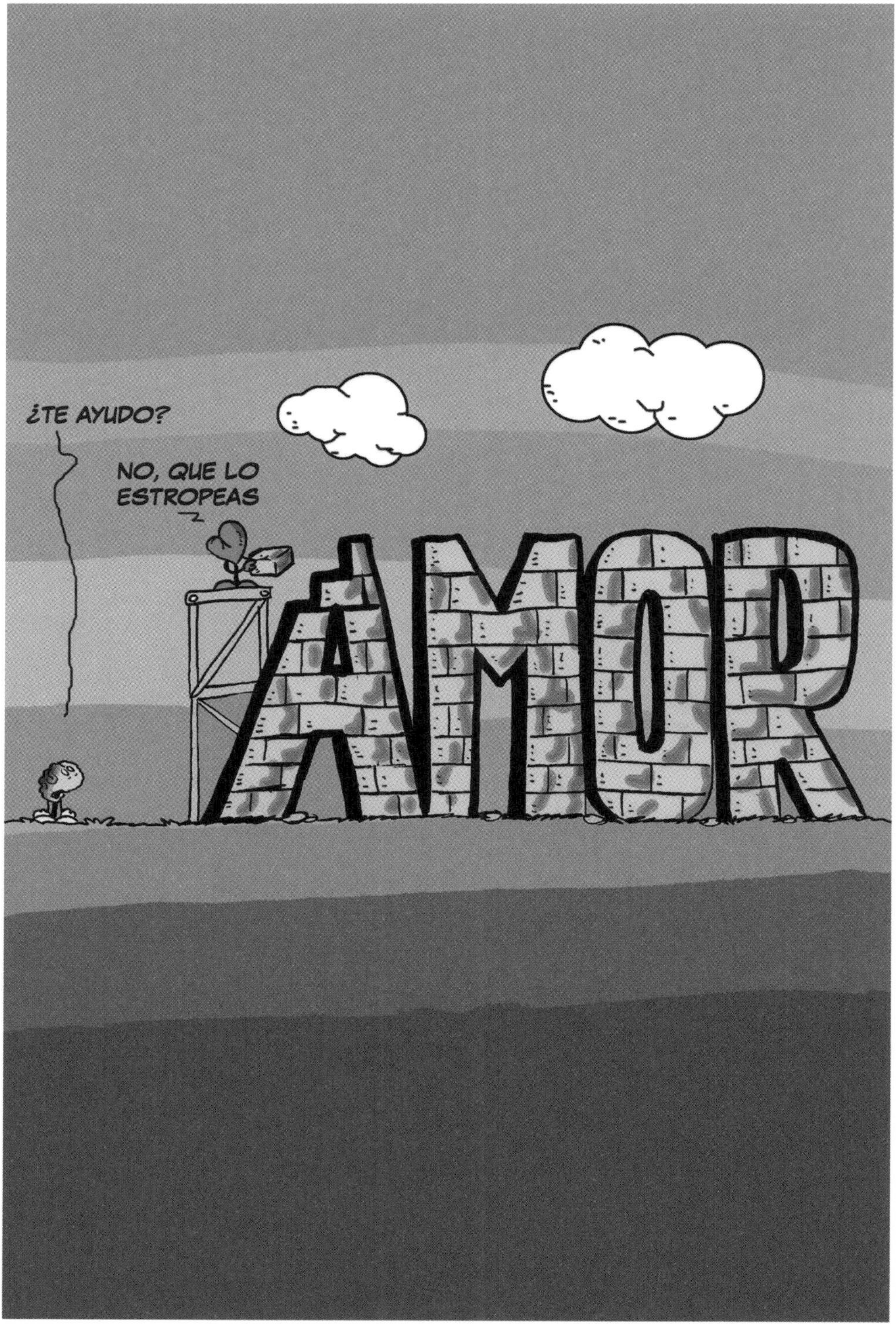
¿TE AYUDO?
NO, QUE LO ESTROPEAS
AMOR

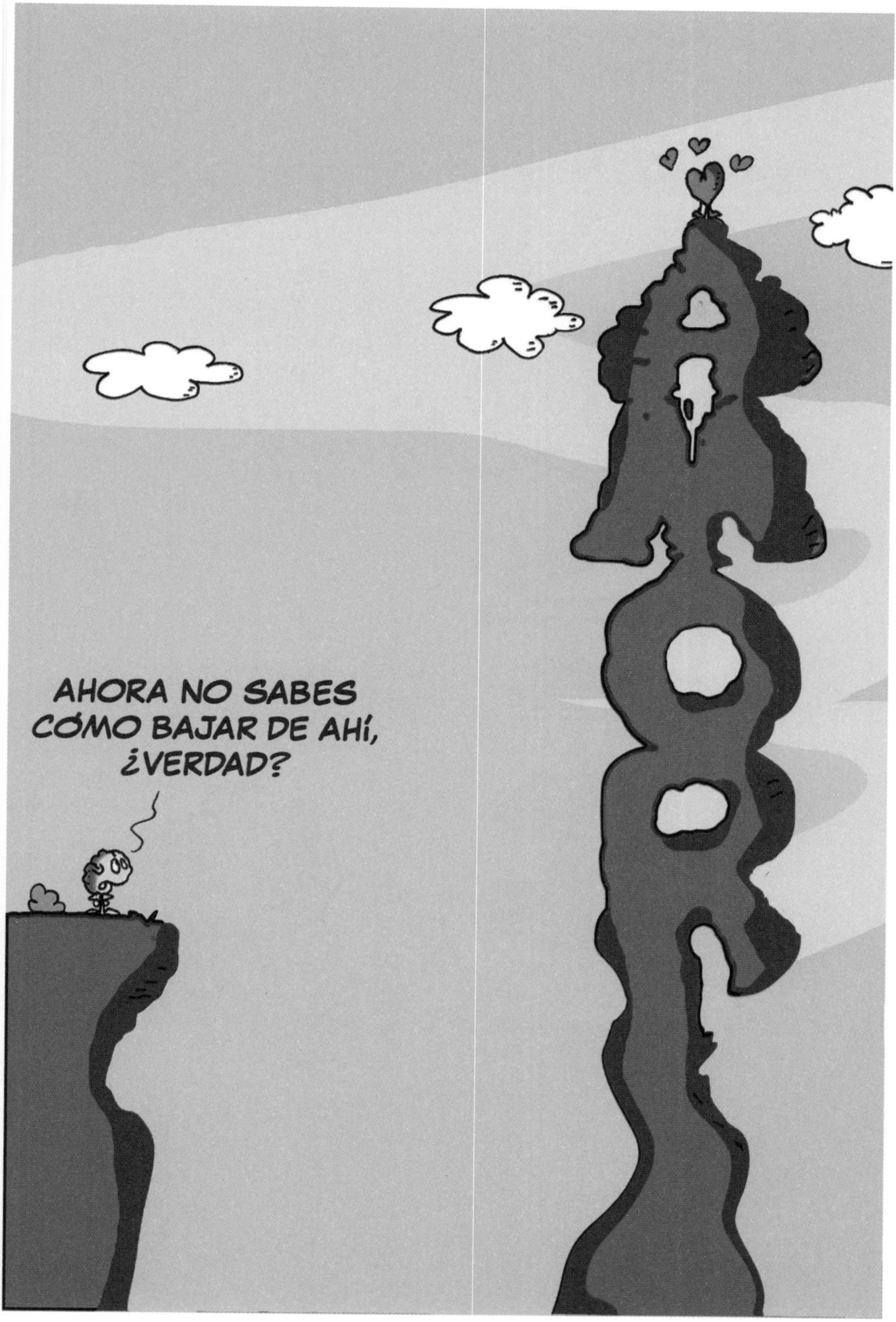
AHORA NO SABES CÓMO BAJAR DE AHÍ, ¿VERDAD?

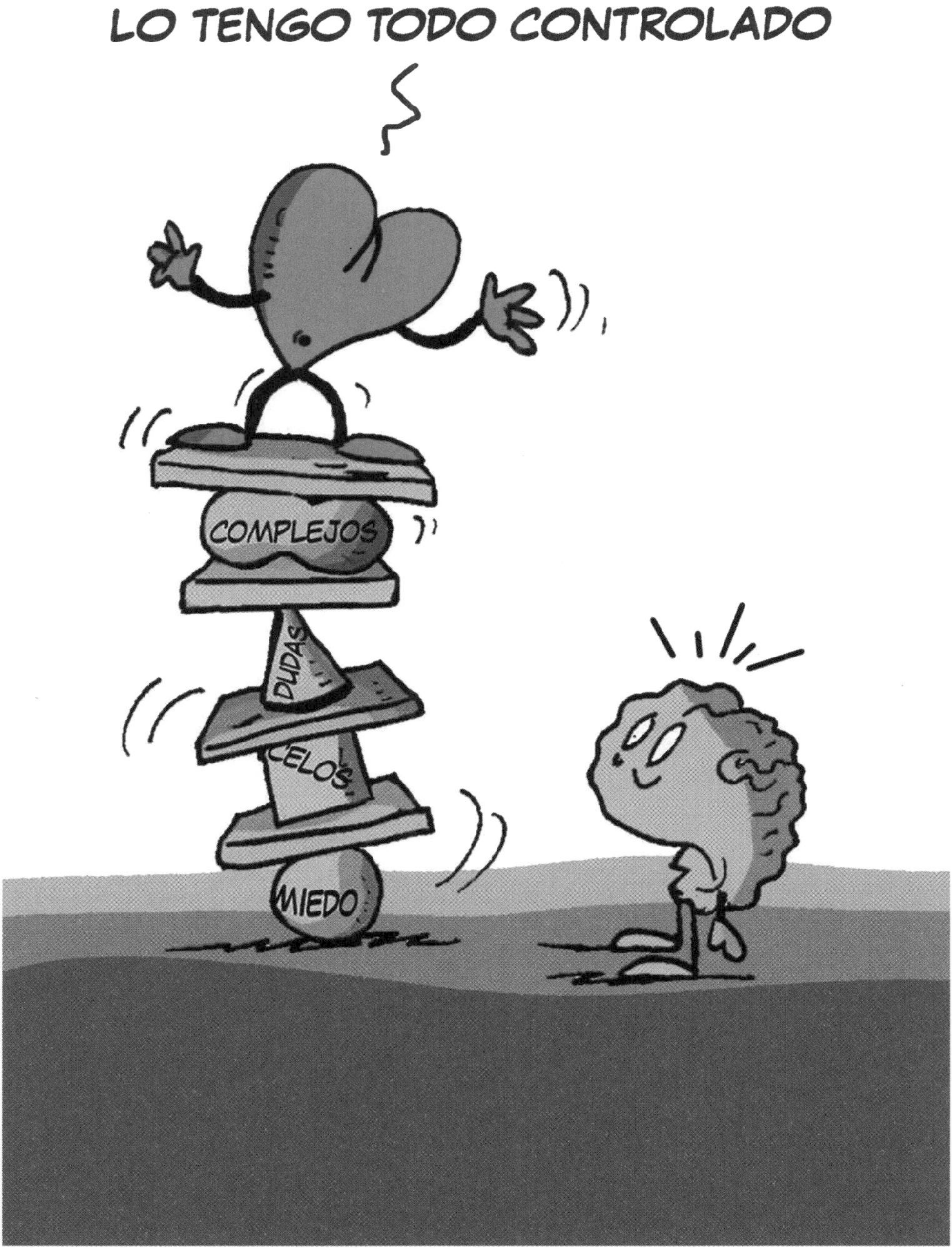
LO TENGO TODO CONTROLADO
COMPLEJOS
DUDAS
CELOS
MIEDO

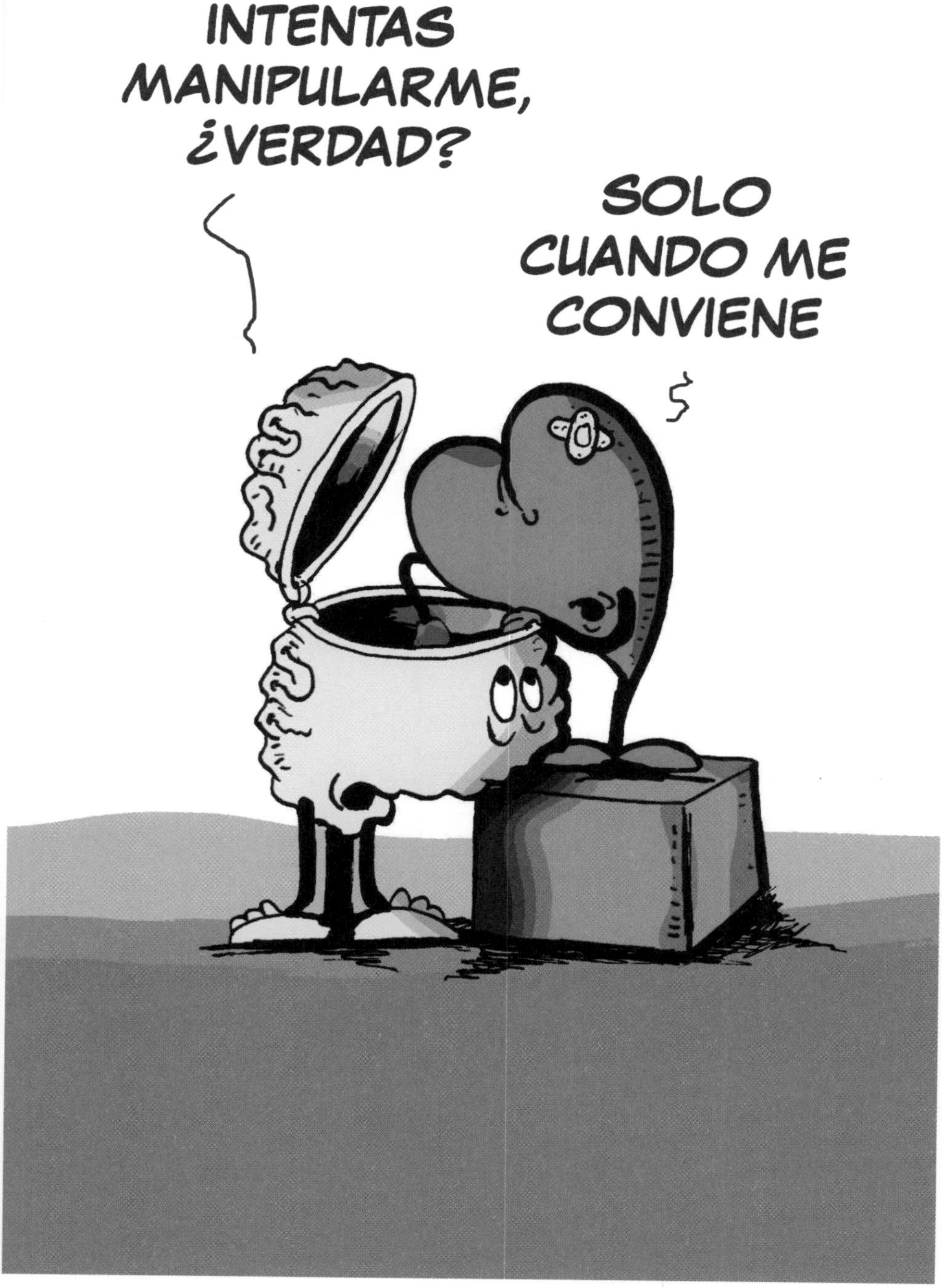
INTENTAS MANIPULARME, ¿VERDAD?
SOLO CUANDO ME CONVIENE

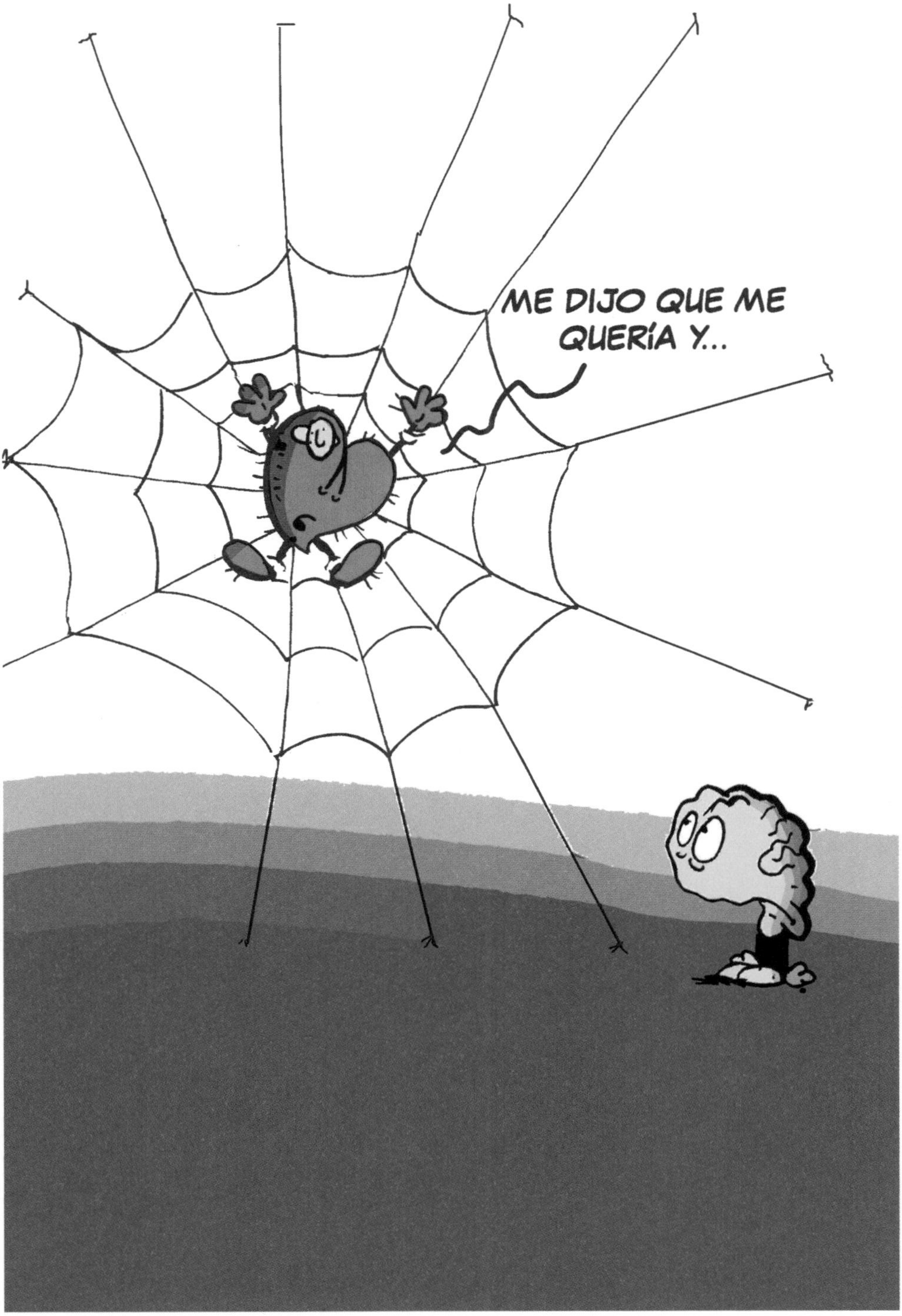
ME DIJO QUE ME QUERÍA Y...

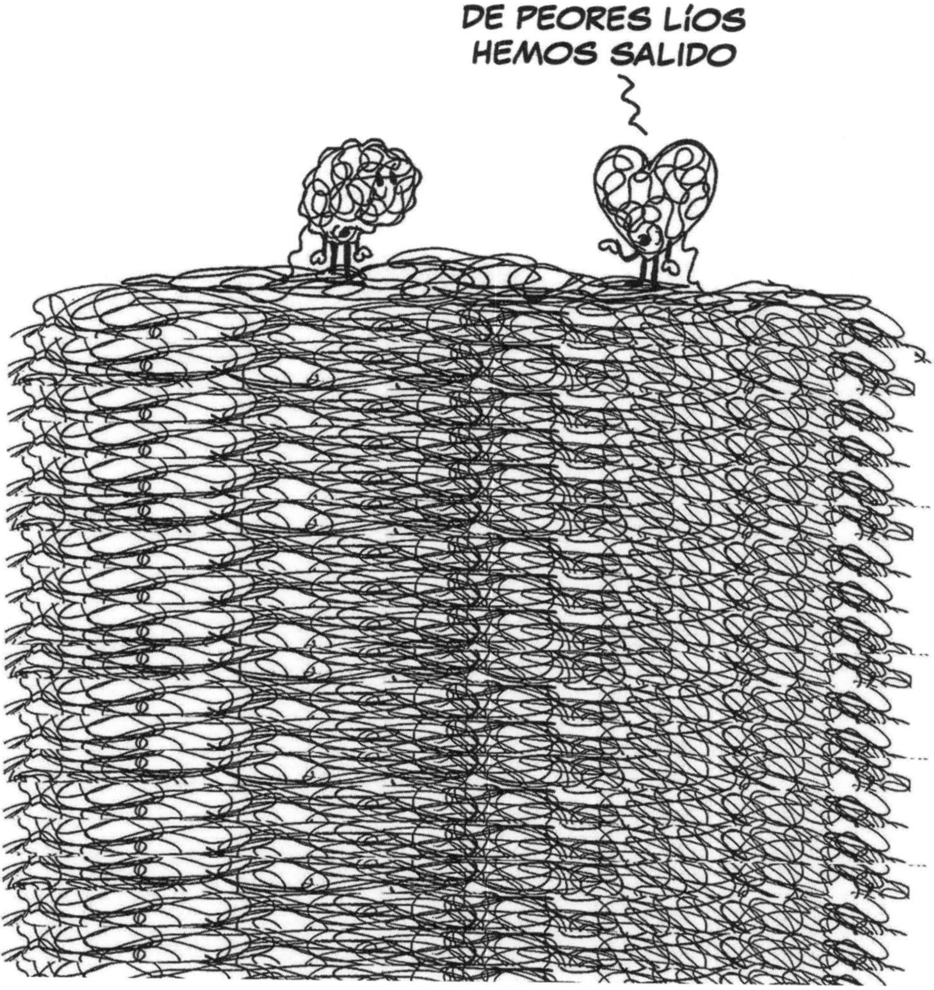
DE PEORES LÍOS
HEMOS SALIDO

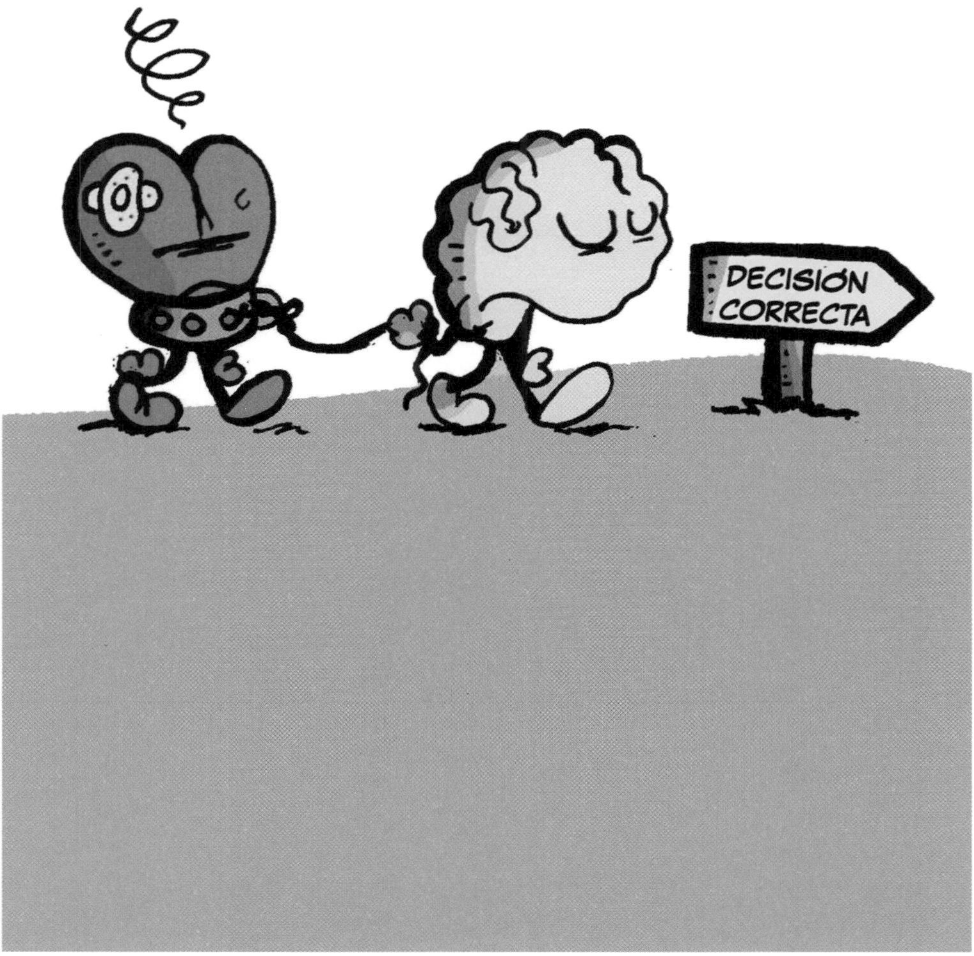
DECISIÓN
CORRECTA

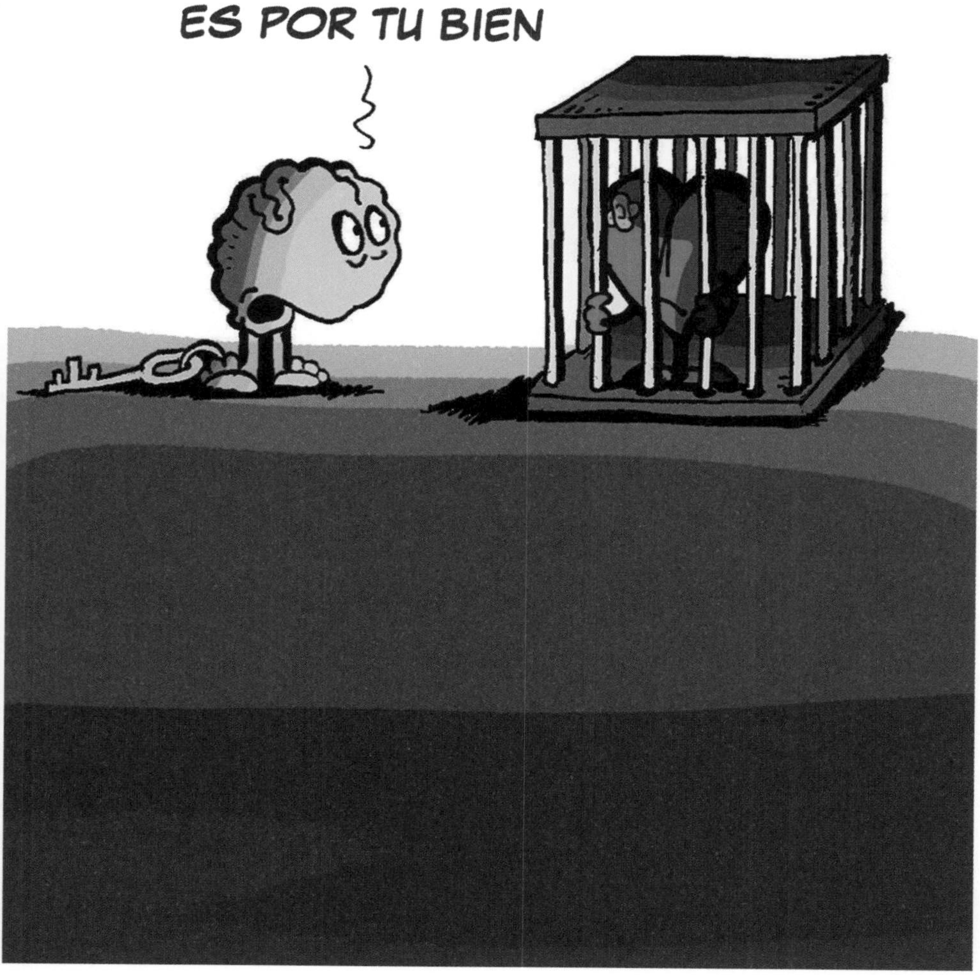
ES POR TU BIEN

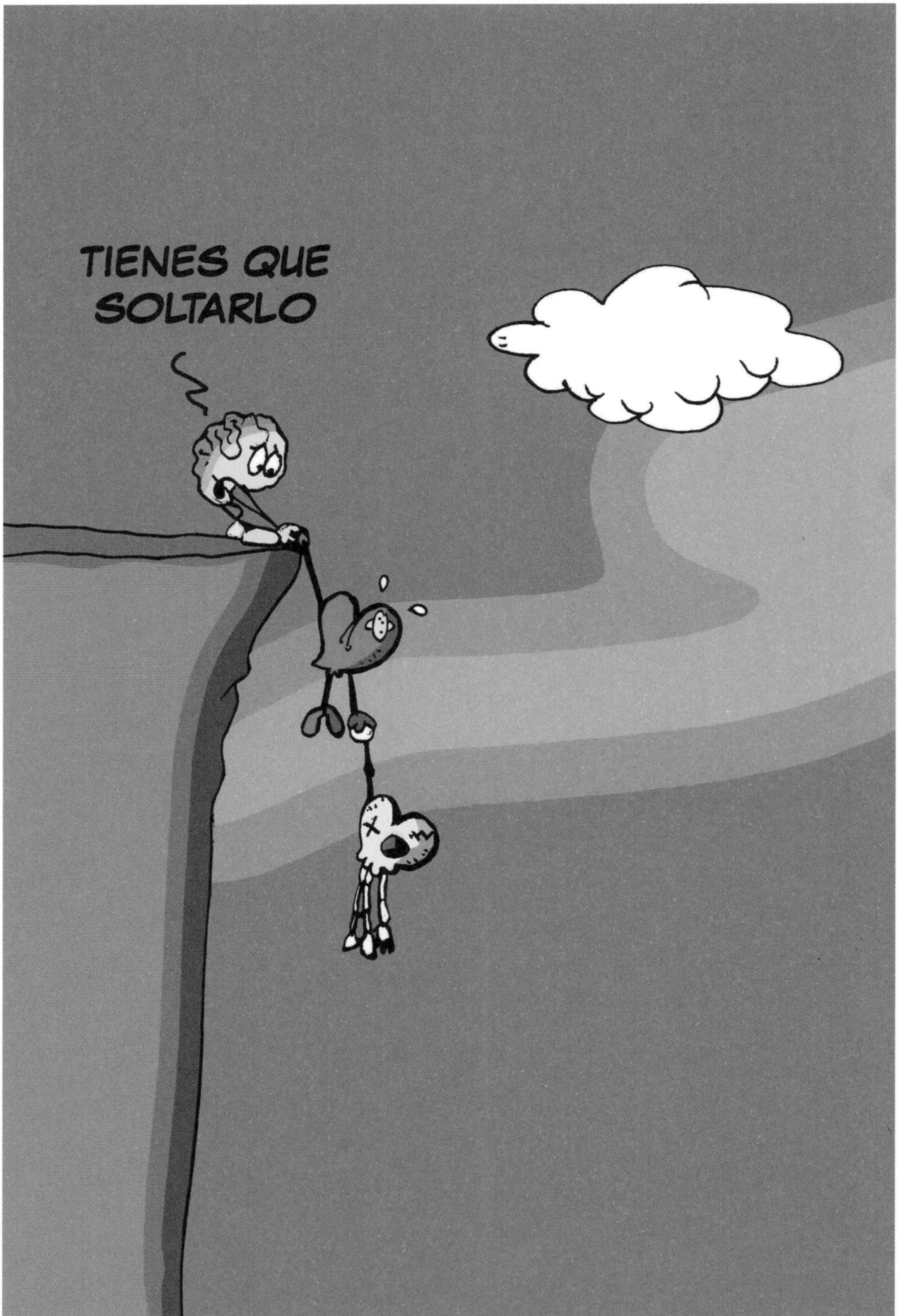
TIENES QUE SOLTARLO

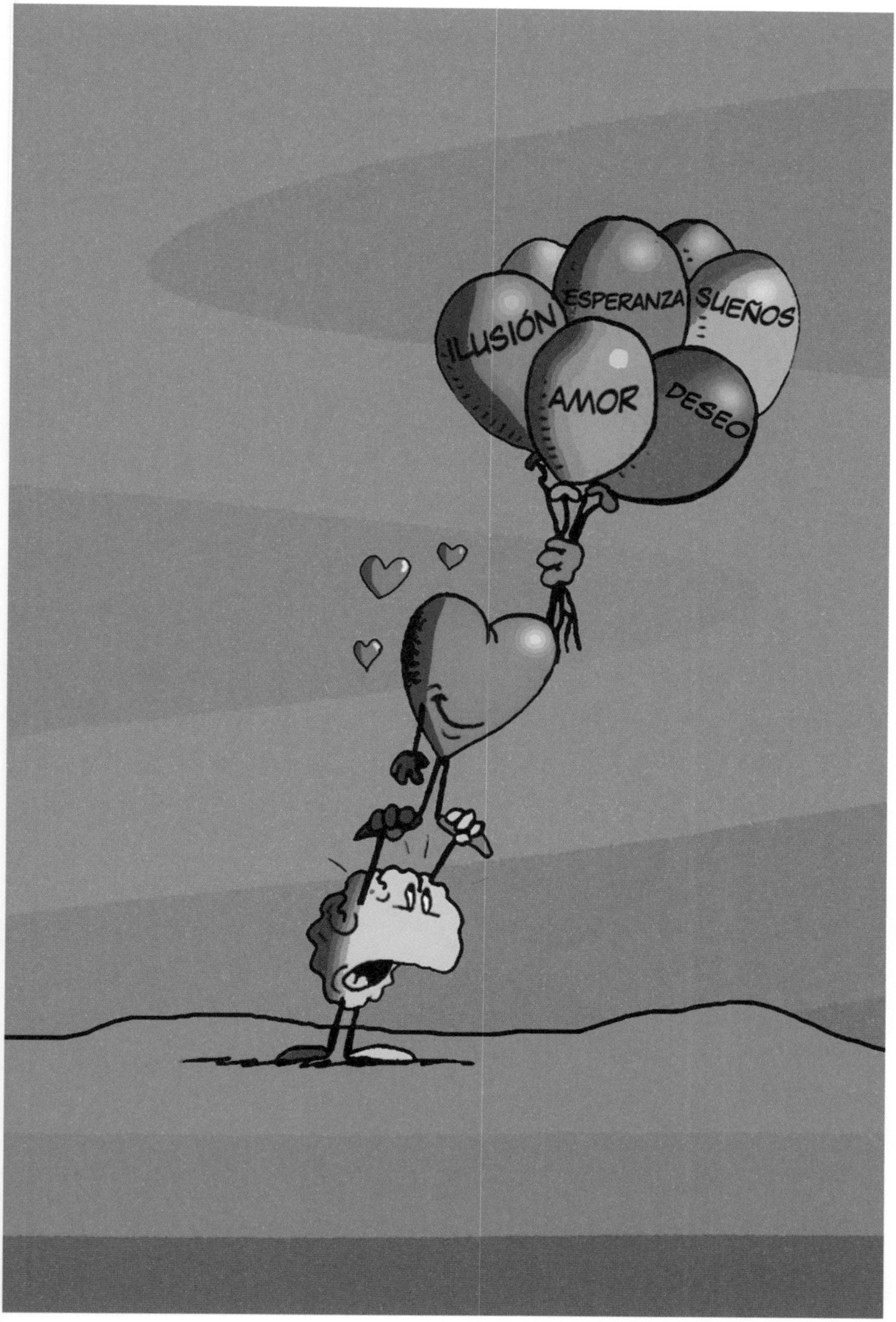
ILUSIÓN
ESPERANZA
SUEÑOS
AMOR
DESEO

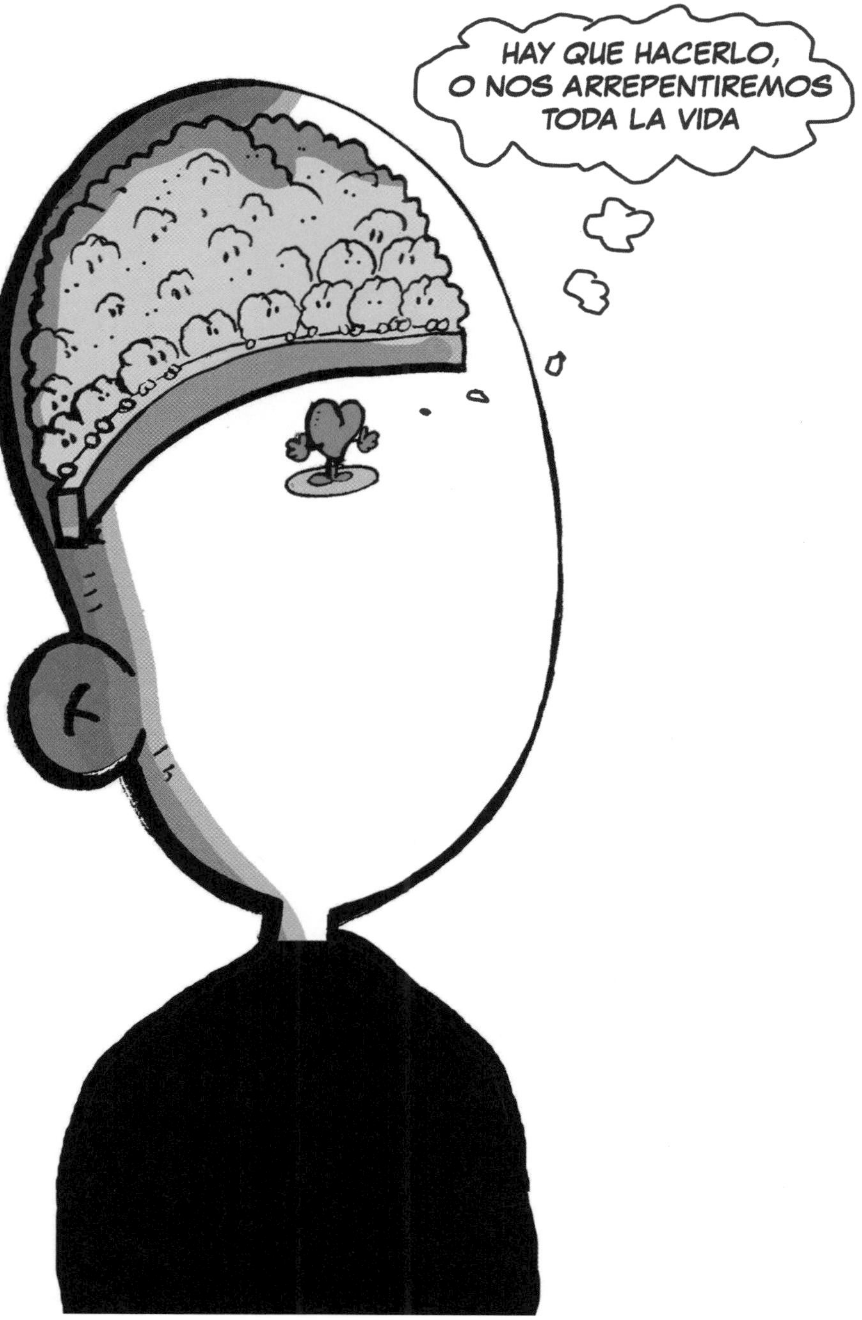
HAY QUE HACERLO,
O NOS ARREPENTIREMOS
TODA LA VIDA

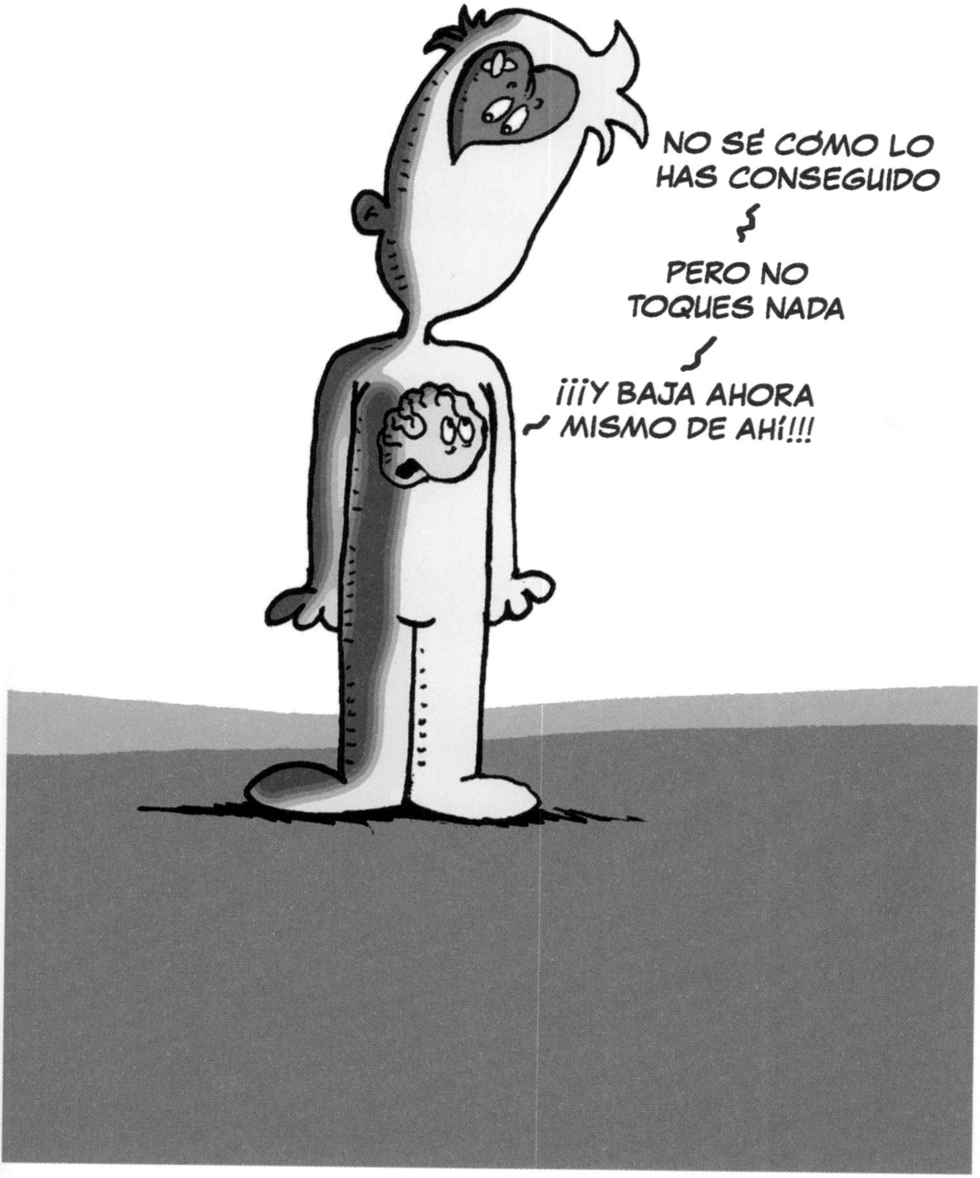
NO SÉ CÓMO LO HAS CONSEGUIDO
PERO NO TOQUES NADA
¡¡¡Y BAJA AHORA MISMO DE AHÍ!!!

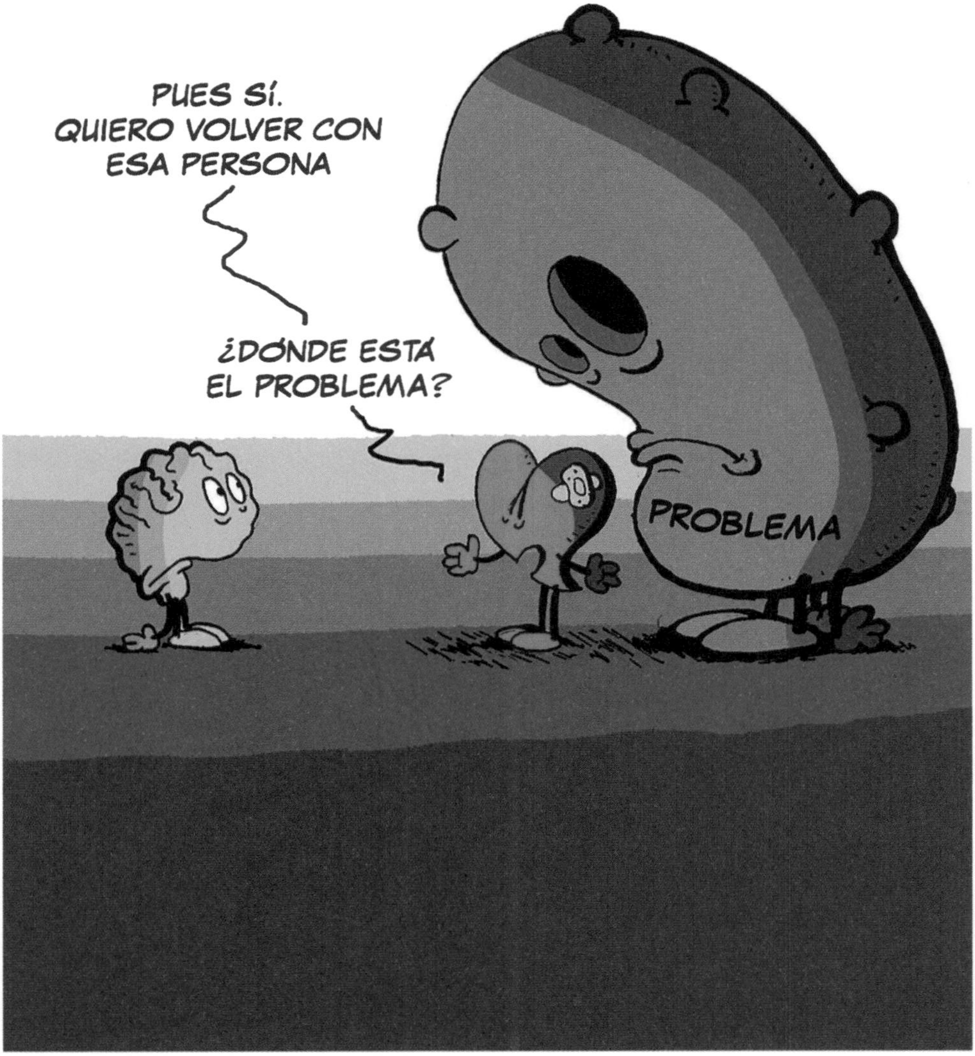
PUES SÍ.
QUIERO VOLVER CON
ESA PERSONA
¿DÓNDE ESTÁ
EL PROBLEMA?
PROBLEMA

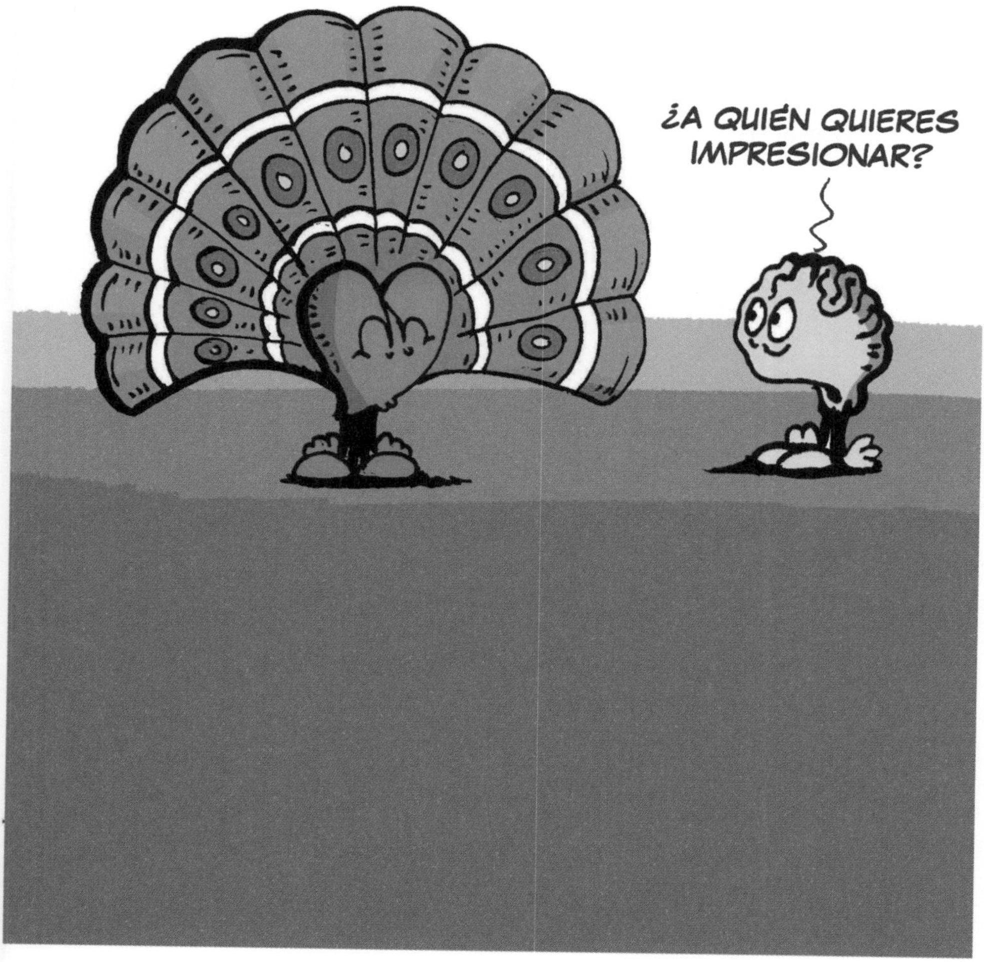
¿A QUIÉN QUIERES IMPRESIONAR?

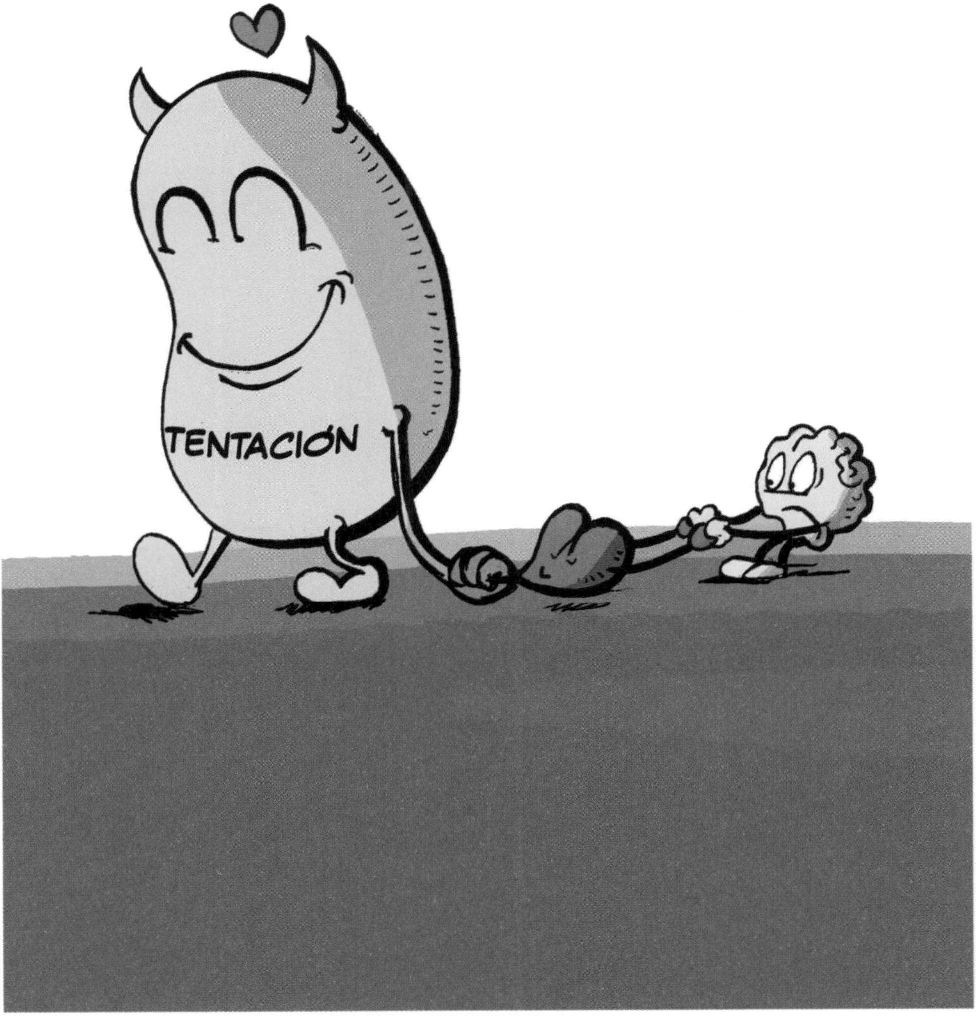
TENTACIÓN

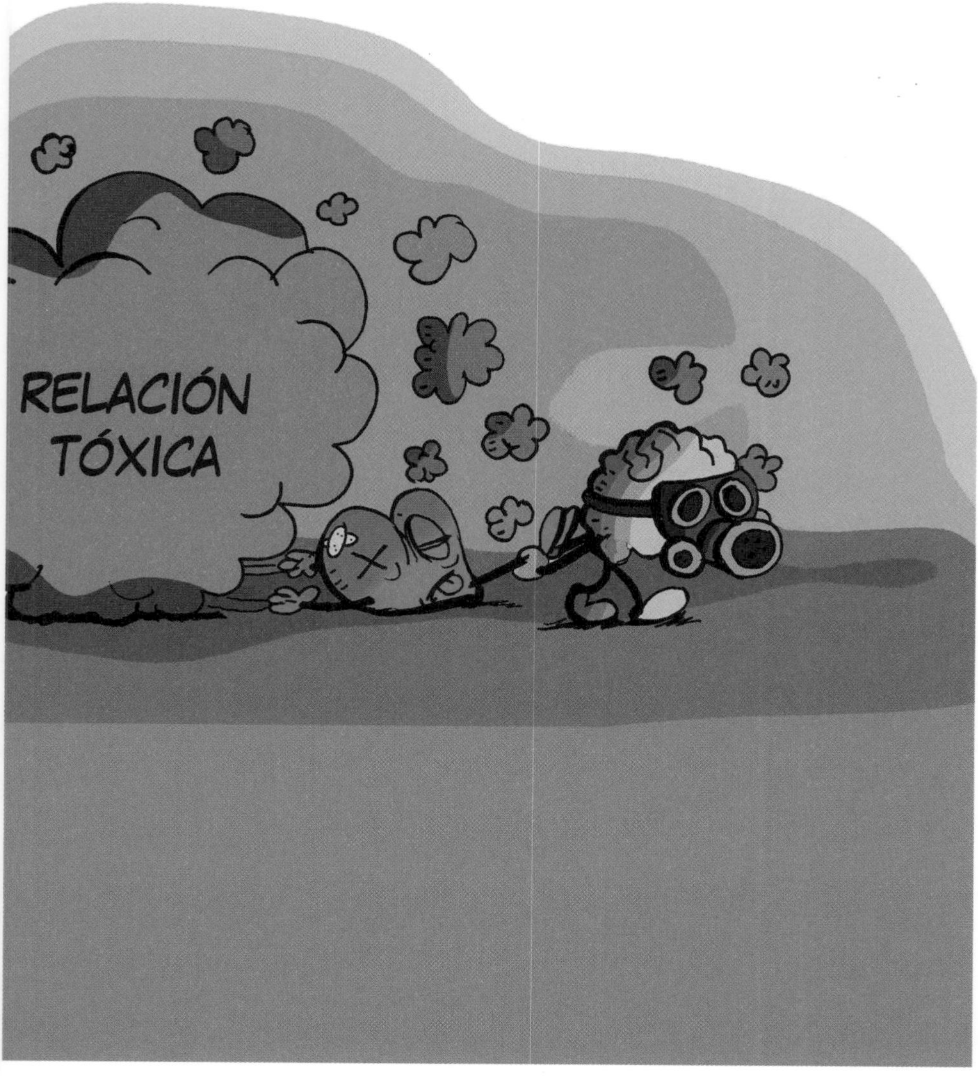
RELACIÓN
TÓXICA

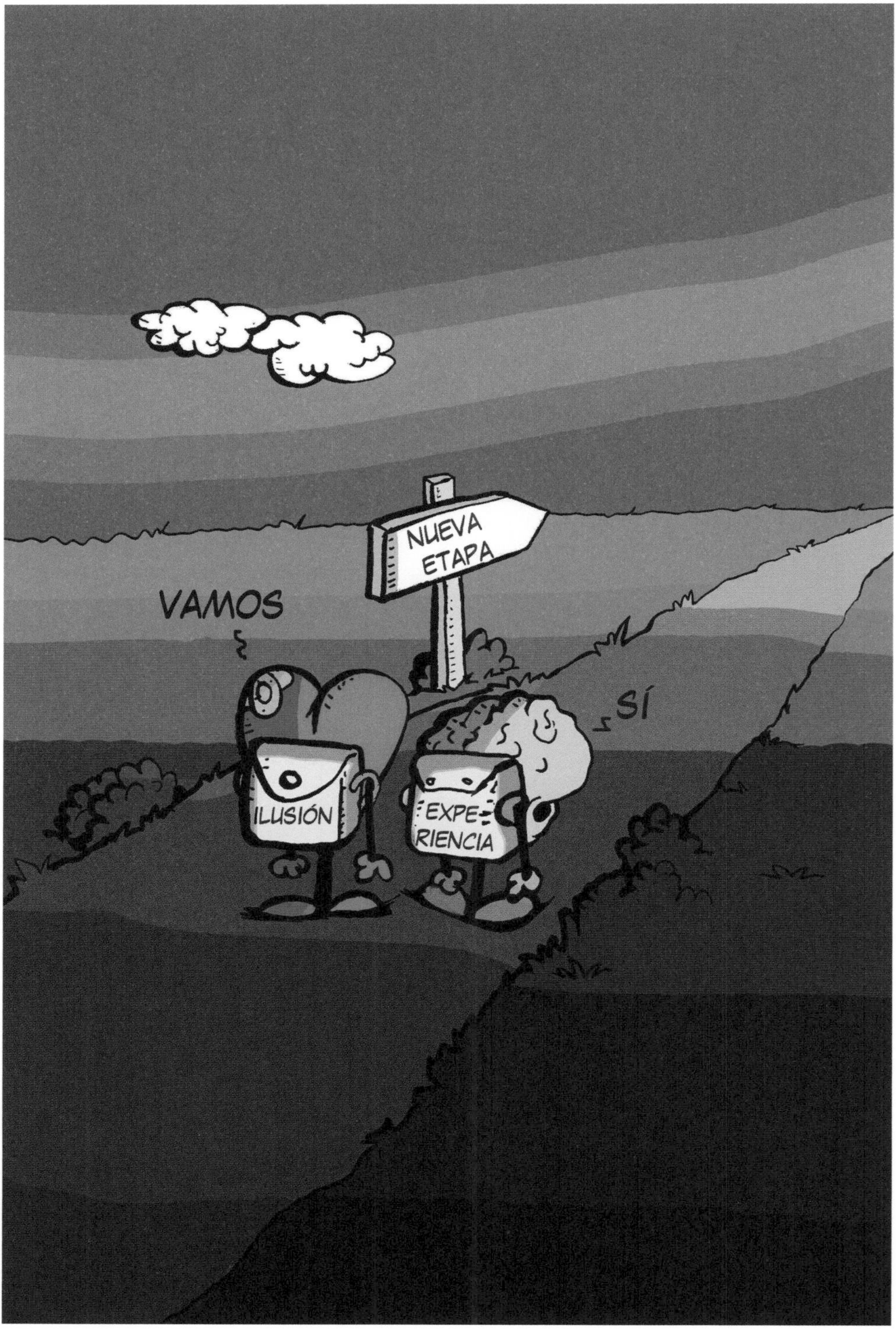
NUEVA
ETAPA
VAMOS
SÍ
ILUSIÓN
EXPE-
RIENCIA

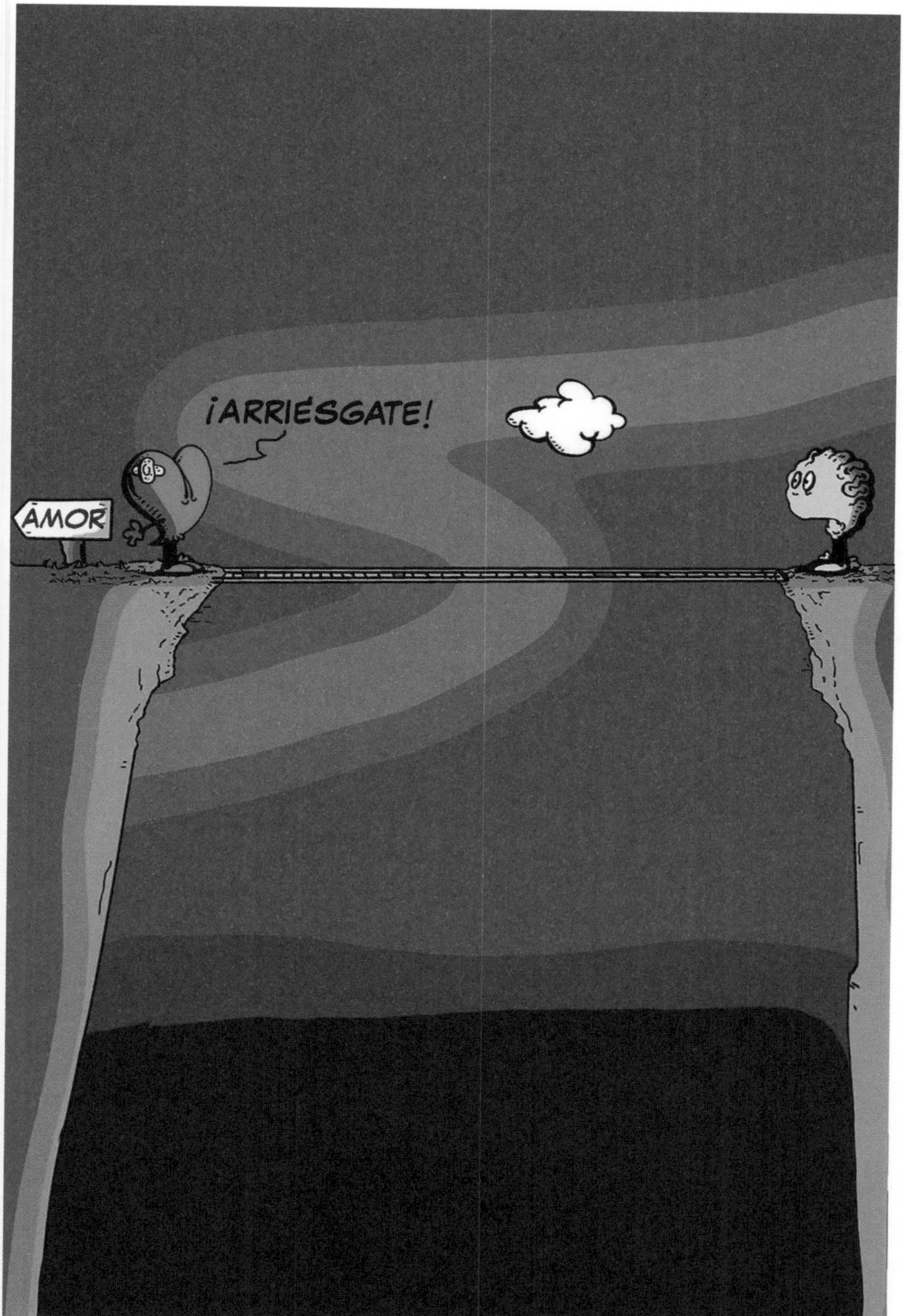
¡ARRIESGATE!
AMOR

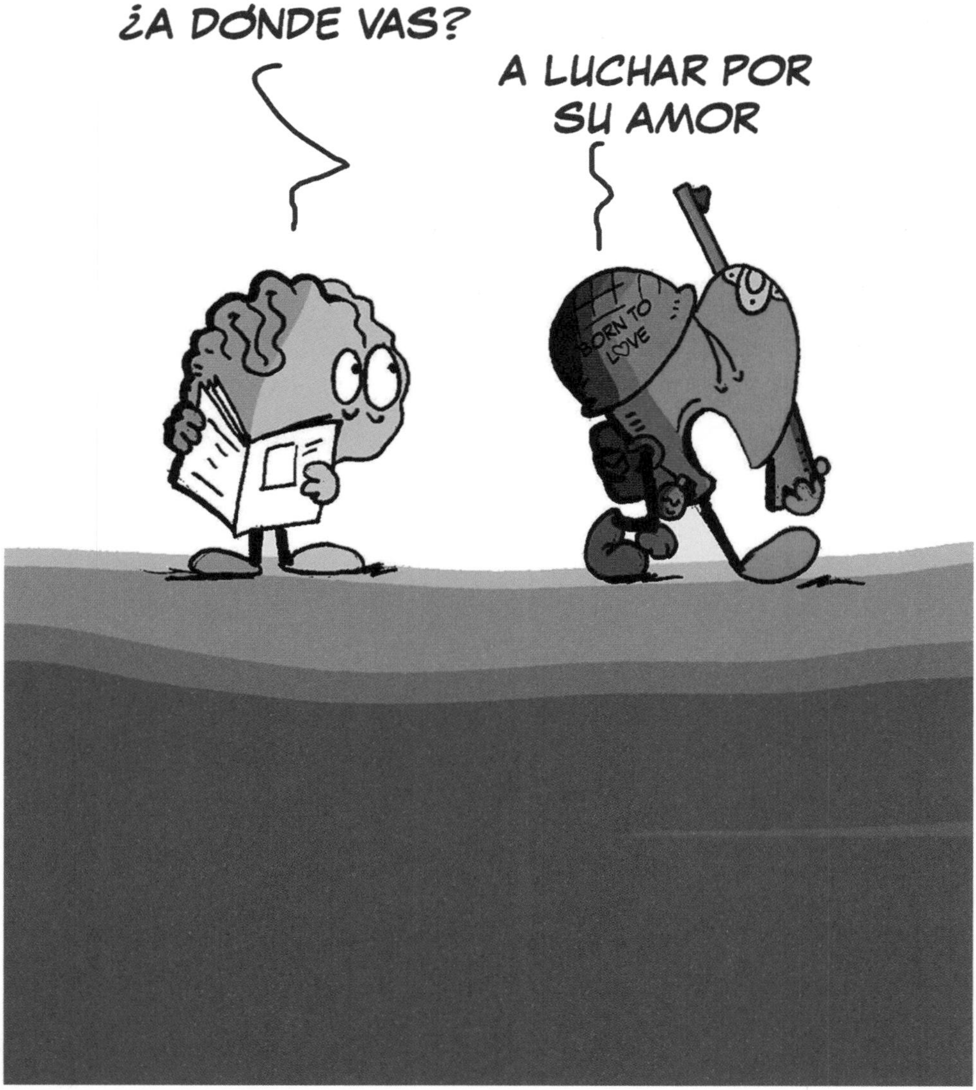
¿A DONDE VAS?
A LUCHAR POR SU AMOR
BORN TO LOVE

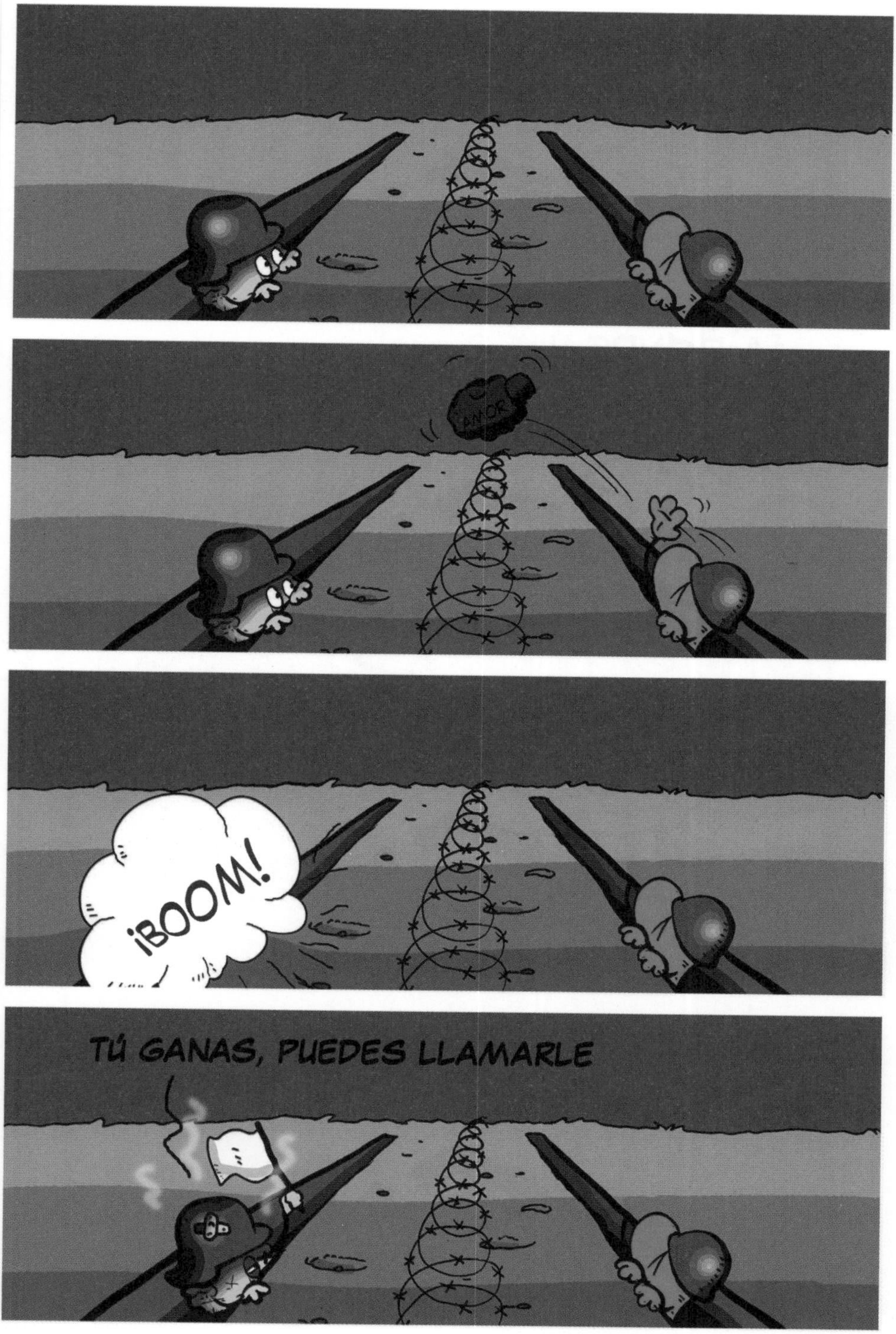
AMOR
¡BOOM!
TÚ GANAS, PUEDES LLAMARLE

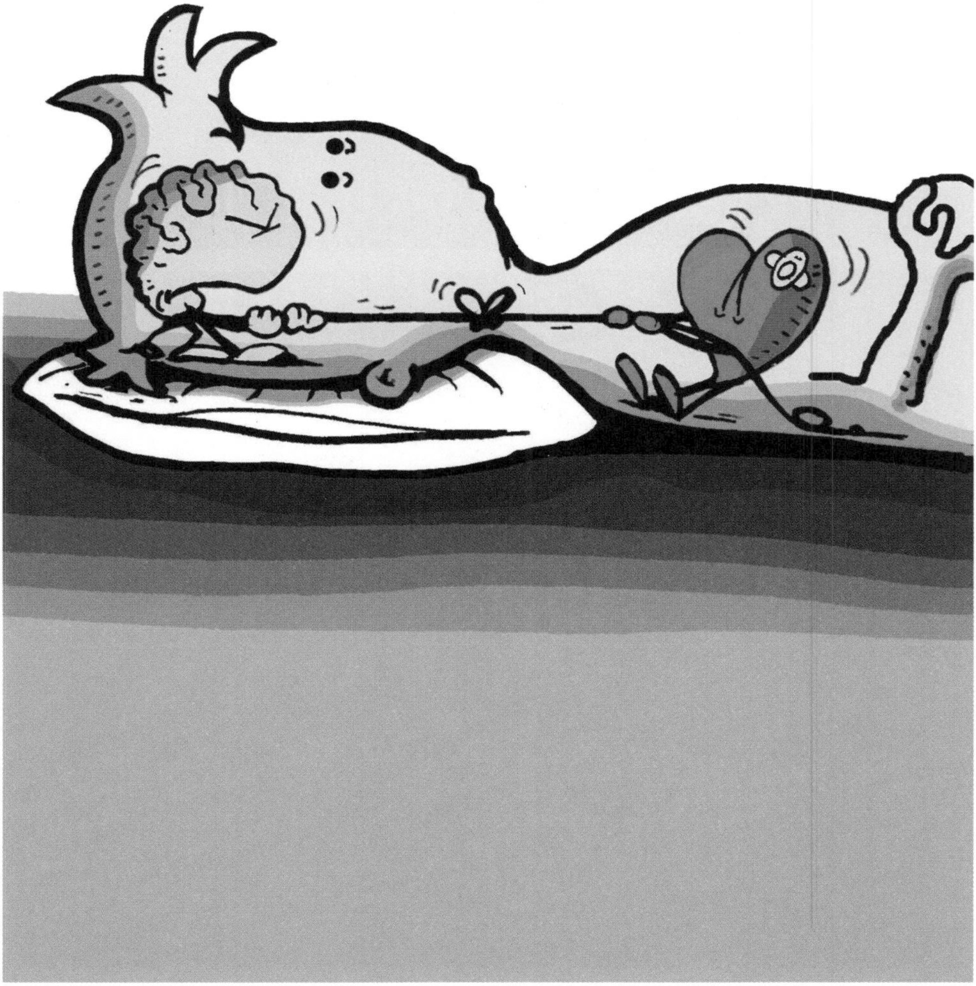

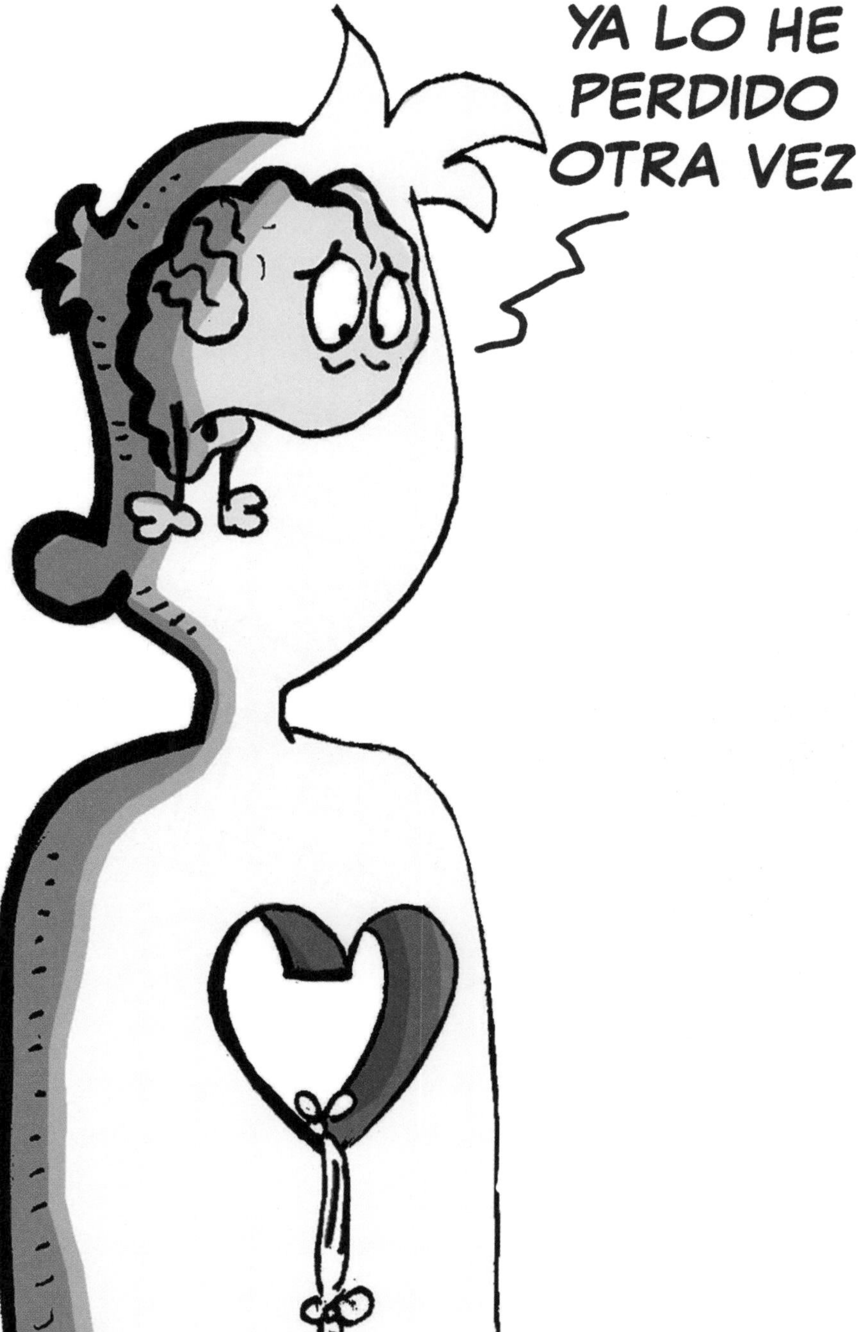
YA LO HE PERDIDO OTRA VEZ

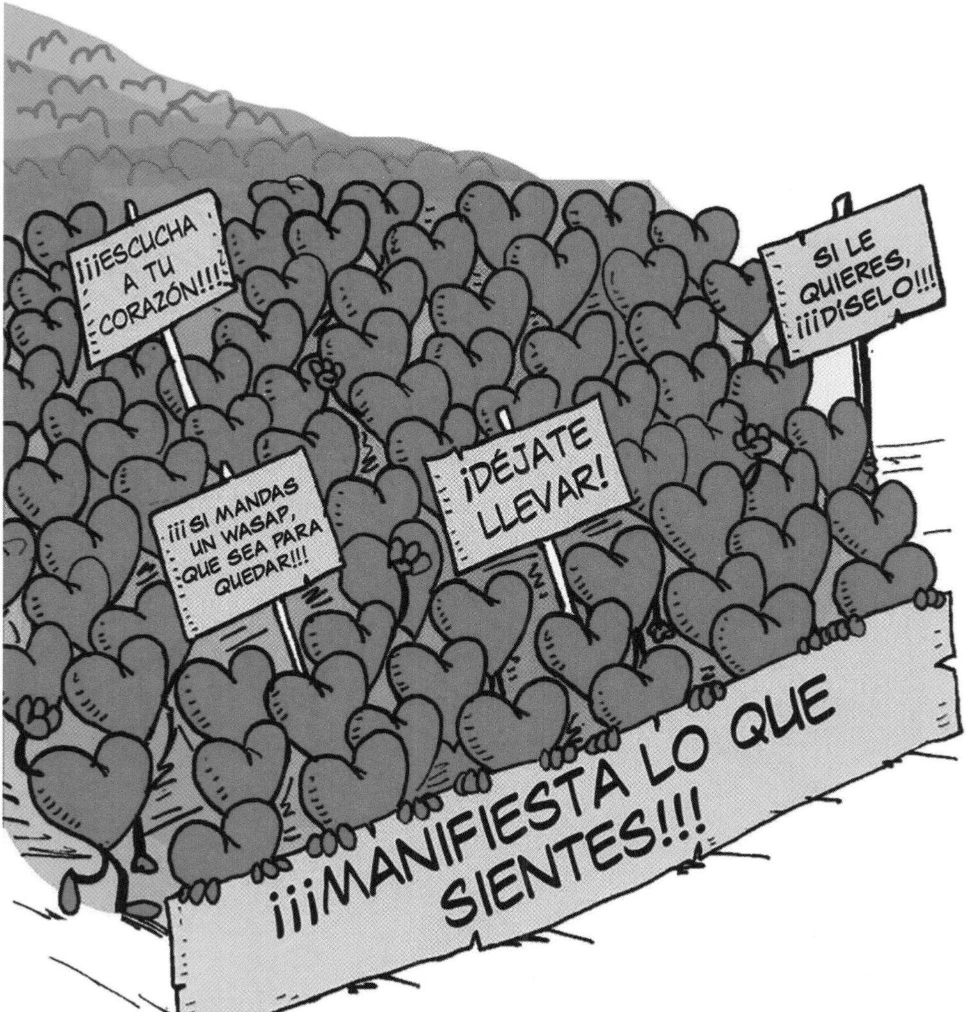

¡¡¡ESCUCHA A TU CORAZÓN!!!
SI LE QUIERES, ¡¡¡DÍSELO!!!
¡DÉJATE LLEVAR!
¡¡¡SI MANDAS UN WASAP, QUE SEA PARA QUEDAR!!!
¡¡¡MANIFIESTA LO QUE SIENTES!!!

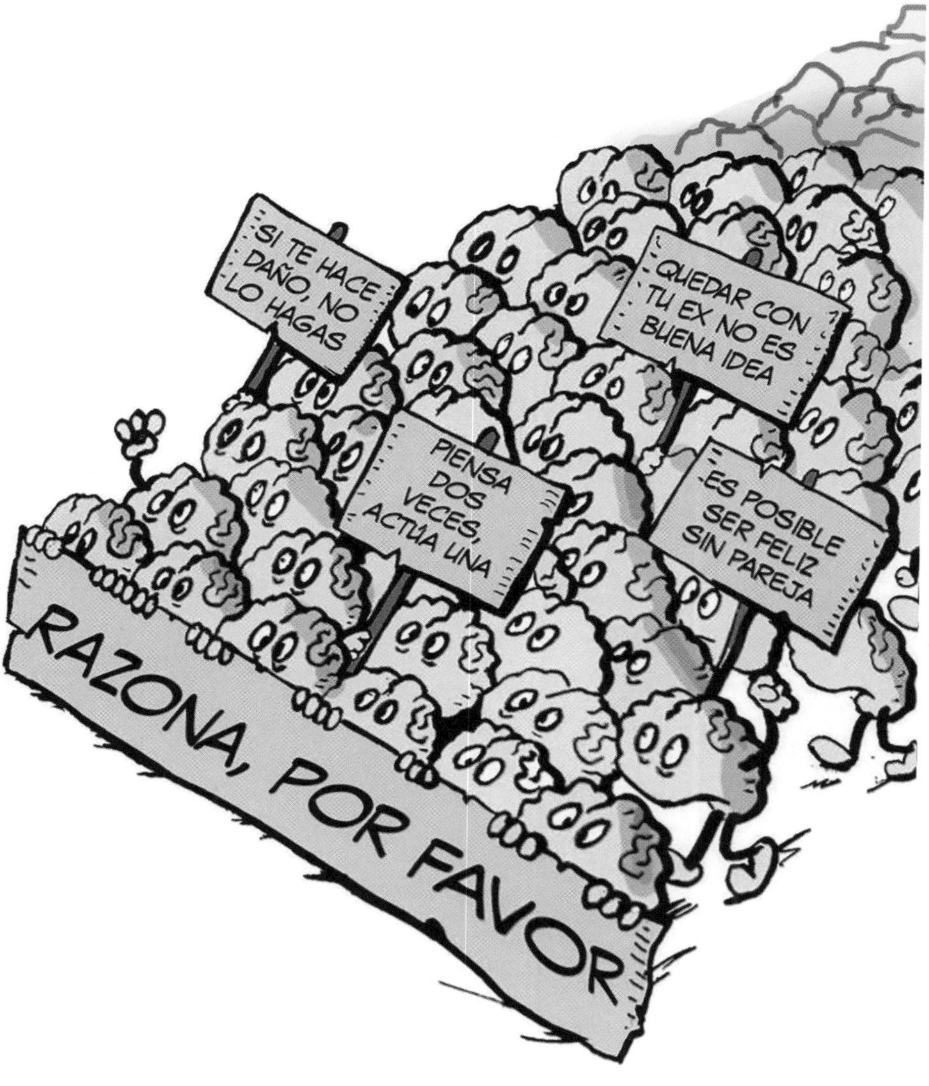
SI TE HACE DAÑO, NO LO HAGAS
QUEDAR CON TU EX NO ES BUENA IDEA
PIENSA DOS VECES, ACTÚA UNA
ES POSIBLE SER FELIZ SIN PAREJA
RAZONA, POR FAVOR

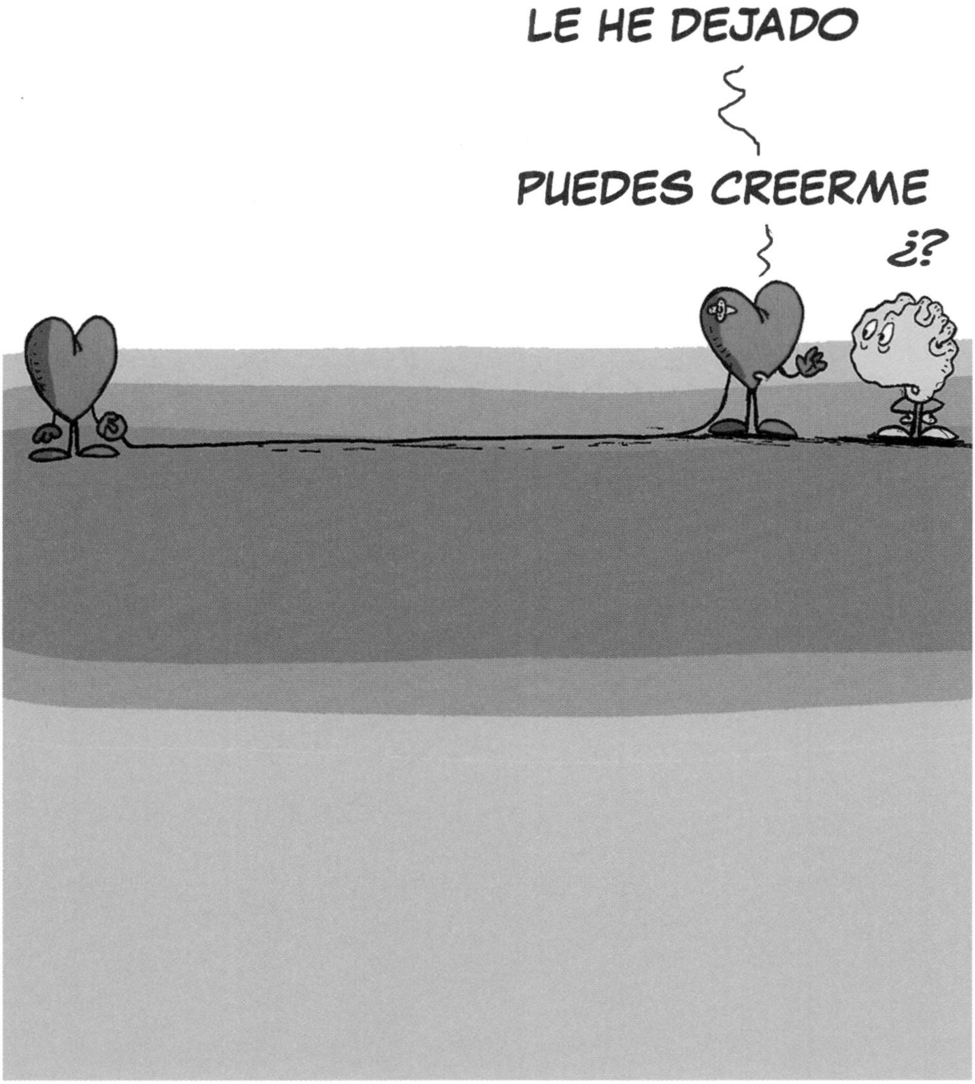
LE HE DEJADO
PUEDES CREERME
¿?

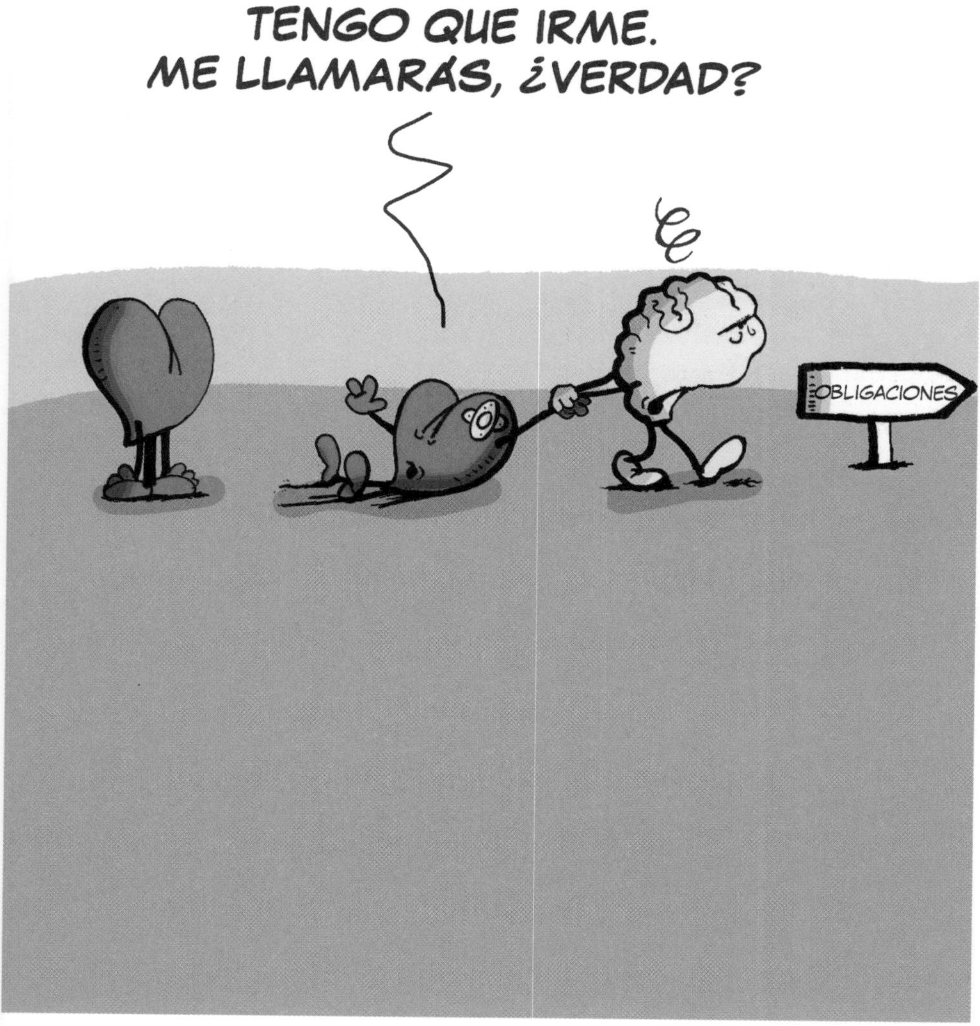
TENGO QUE IRME.
ME LLAMARÁS, ¿VERDAD?
OBLIGACIONES

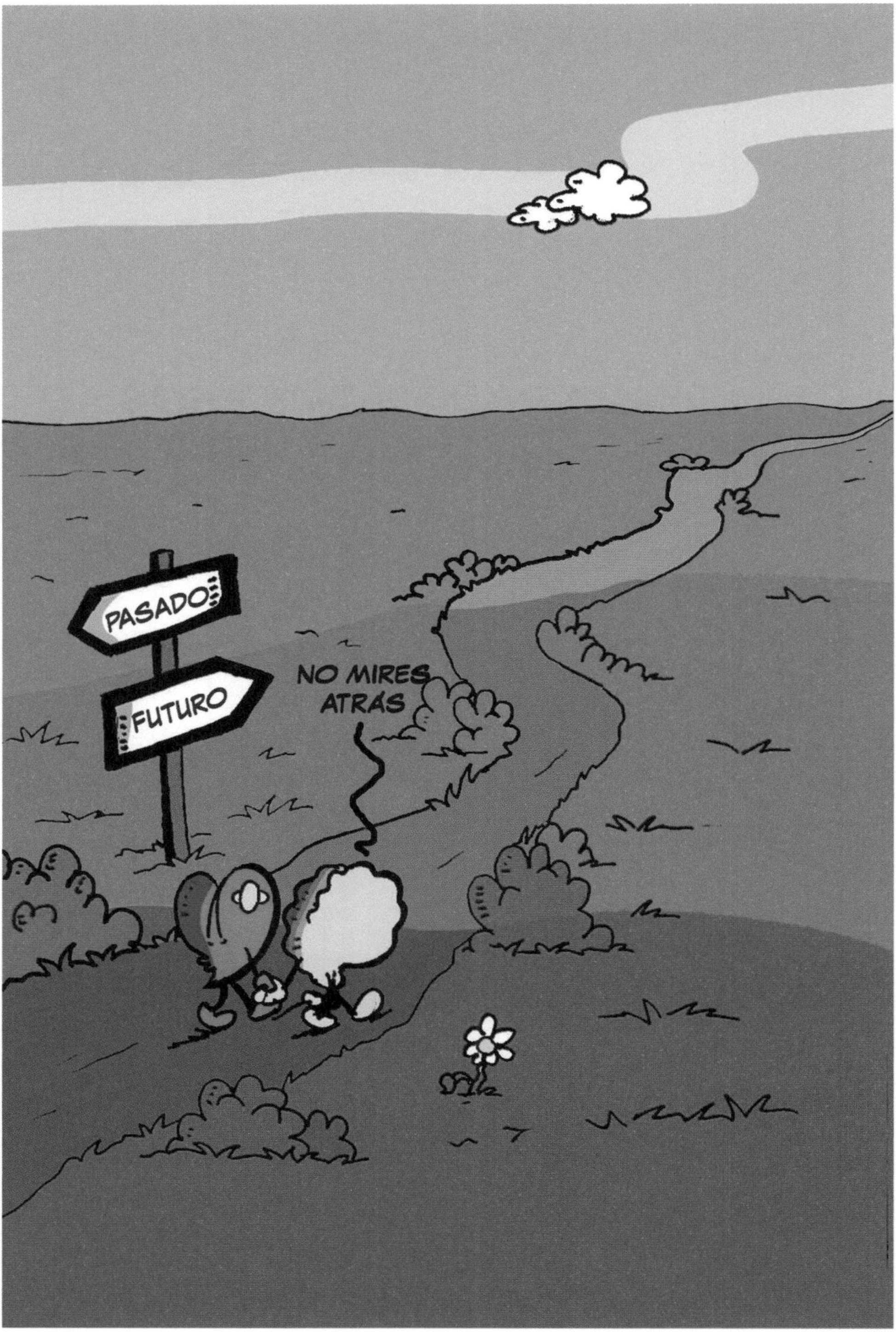
PASADO
FUTURO
NO MIRES ATRÁS

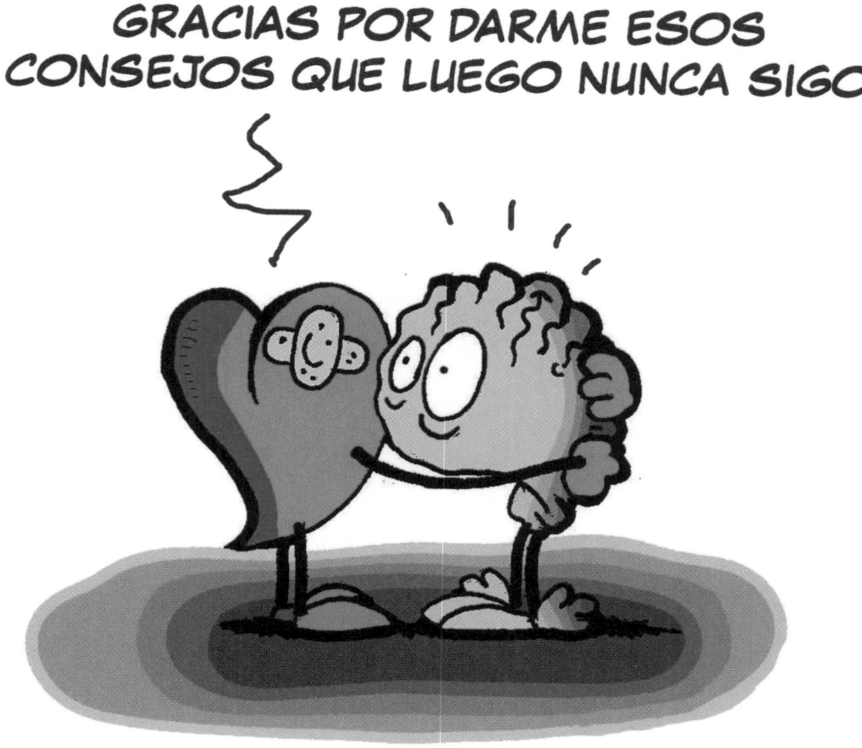
GRACIAS POR DARME ESOS
CONSEJOS QUE LUEGO NUNCA SIGO

CORAZONADAS

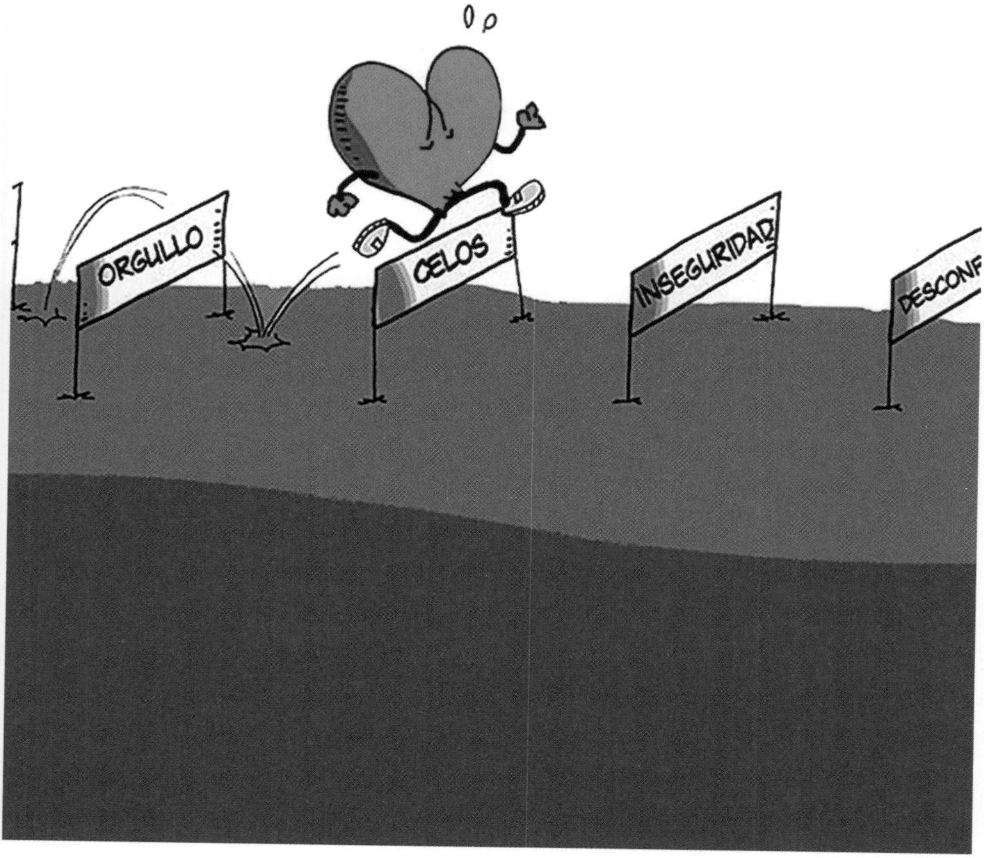
ORGULLO
CELOS
INSEGURIDAD
DESCONF

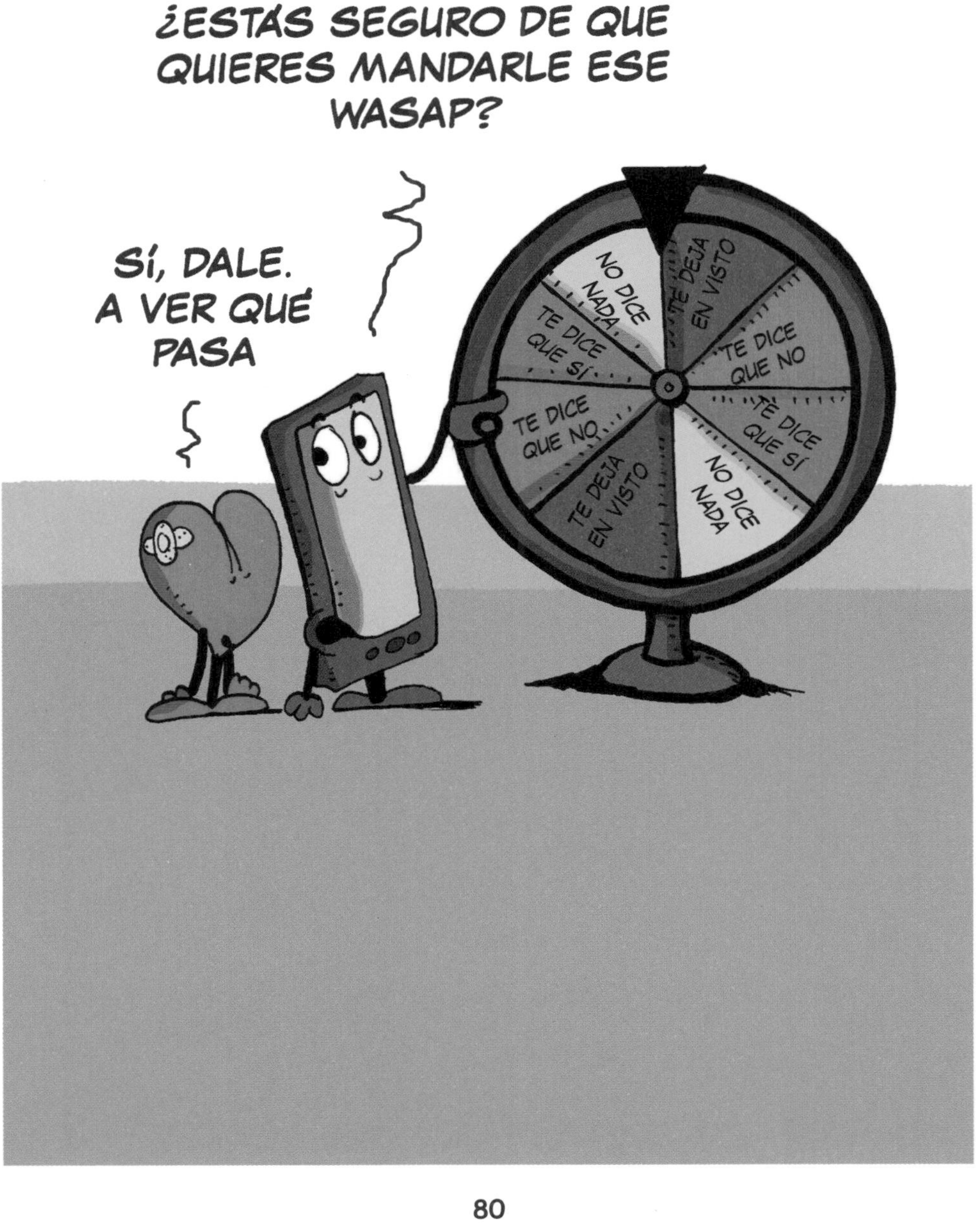
¿ESTÁS SEGURO DE QUE QUIERES MANDARLE ESE WASAP?
SÍ, DALE. A VER QUÉ PASA
TE DEJA EN VISTO
TE DICE QUE NO
TE DICE QUE SÍ
NO DICE NADA
TE DEJA EN VISTO
TE DICE QUE NO
TE DICE QUE SÍ
NO DICE NADA

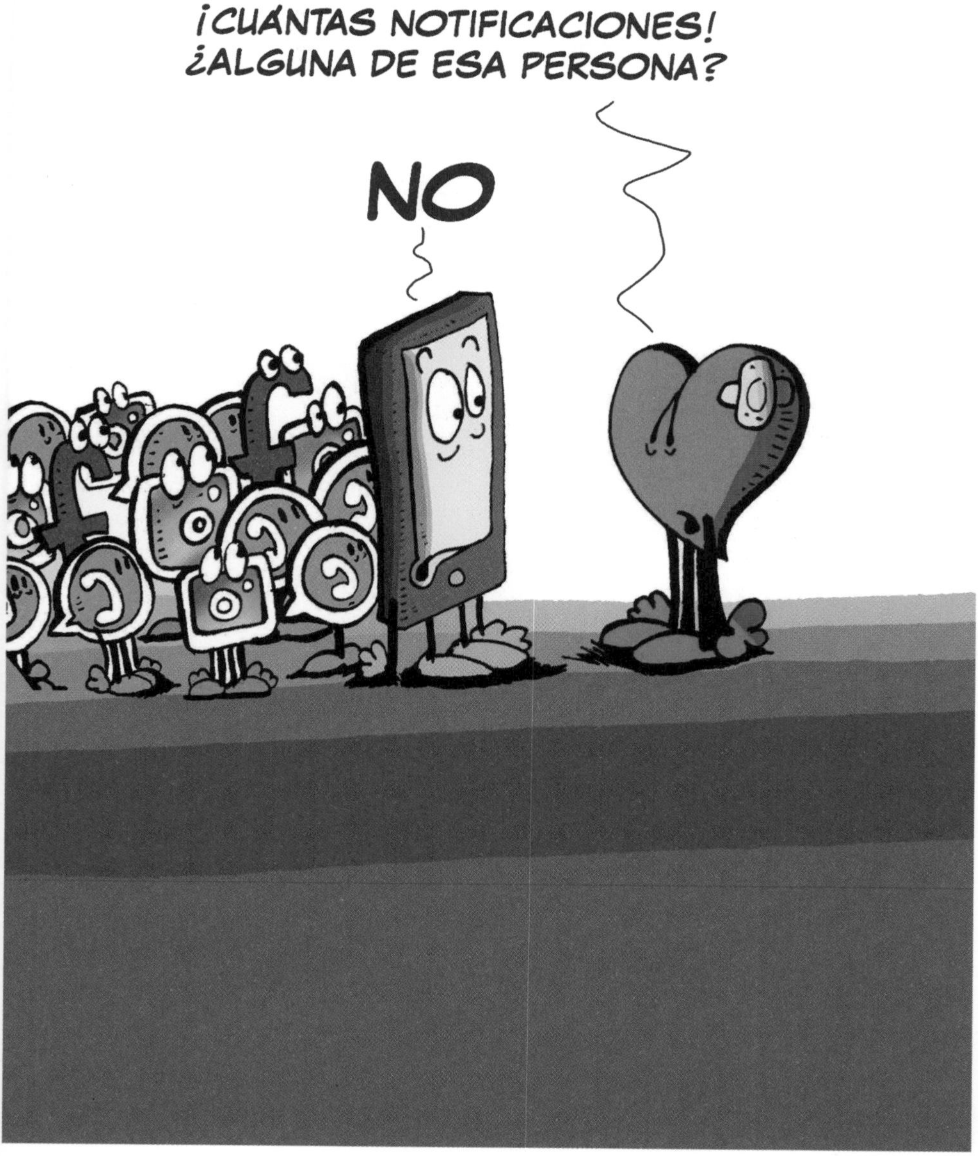
¡CUÁNTAS NOTIFICACIONES!
¿ALGUNA DE ESA PERSONA?
NO

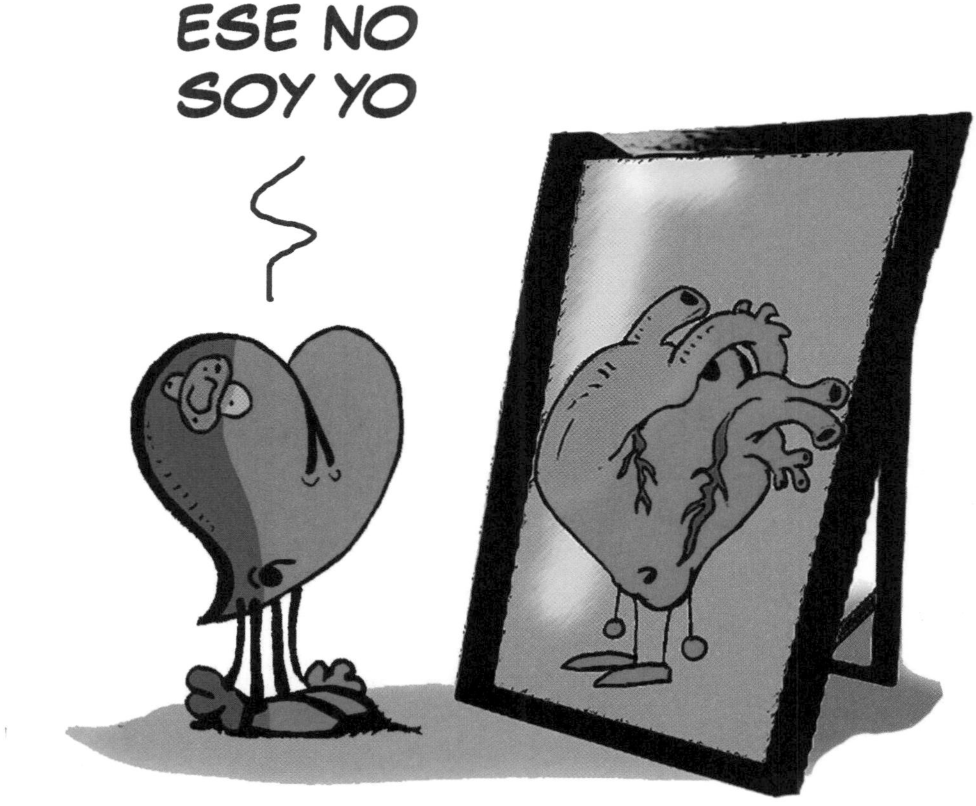
ESE NO
SOY YO

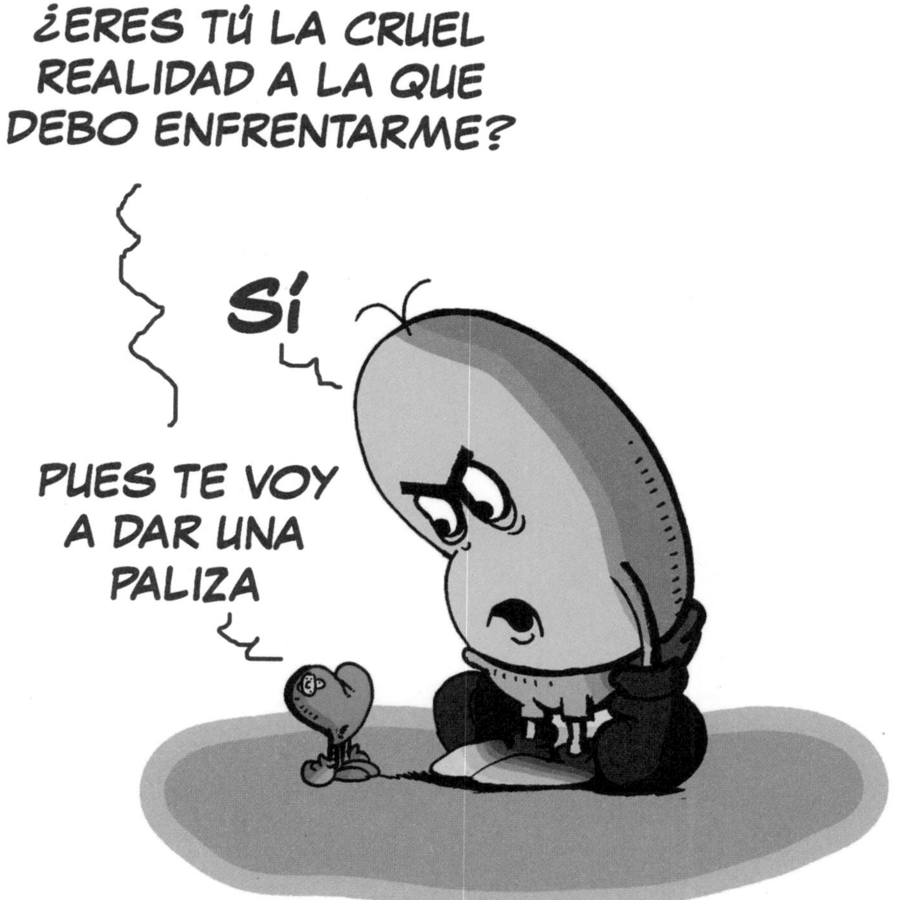
¿ERES TÚ LA CRUEL REALIDAD A LA QUE DEBO ENFRENTARME?
SÍ
PUES TE VOY A DAR UNA PALIZA

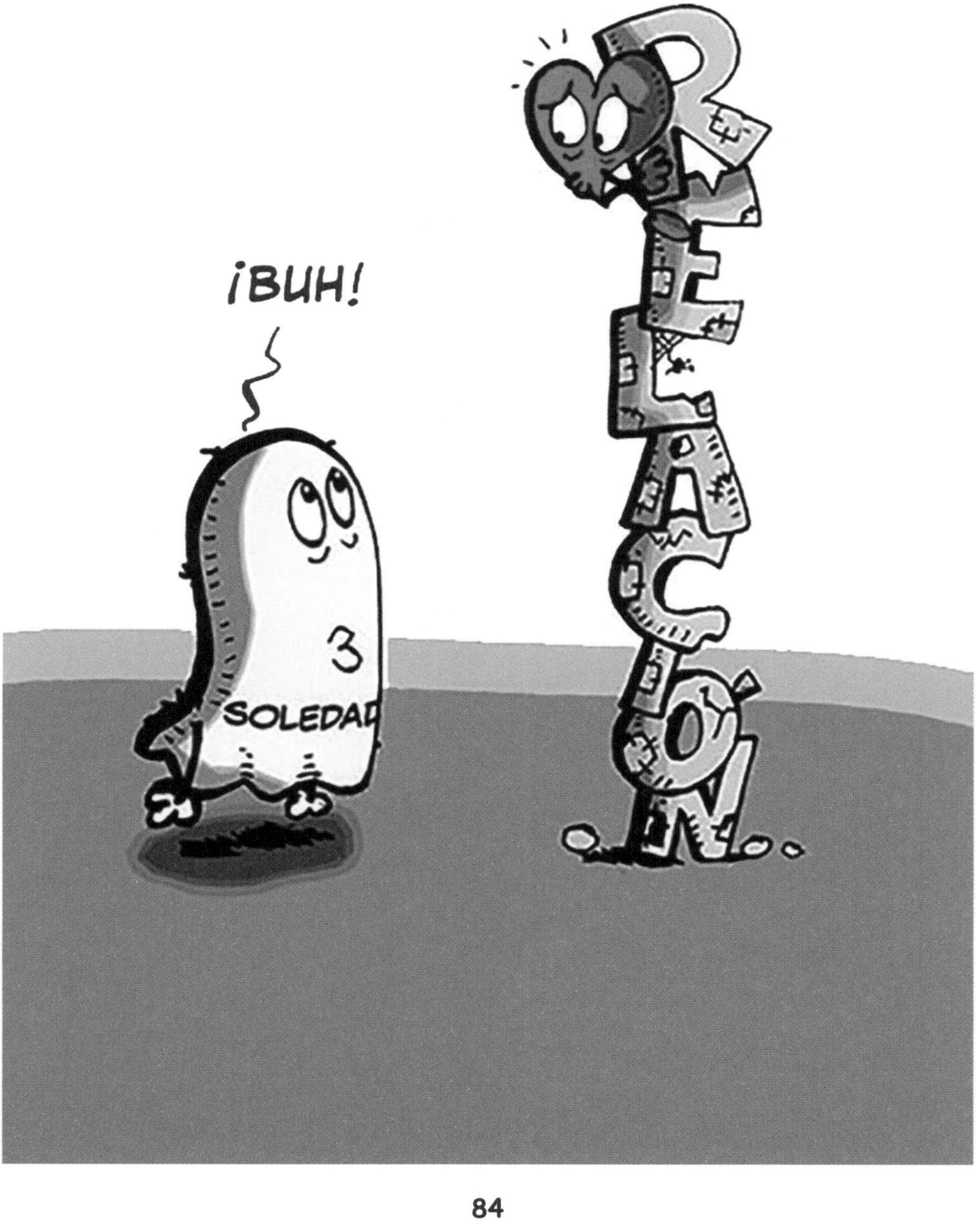
¡BUH!
3
SOLEDAD
RELACIÓN

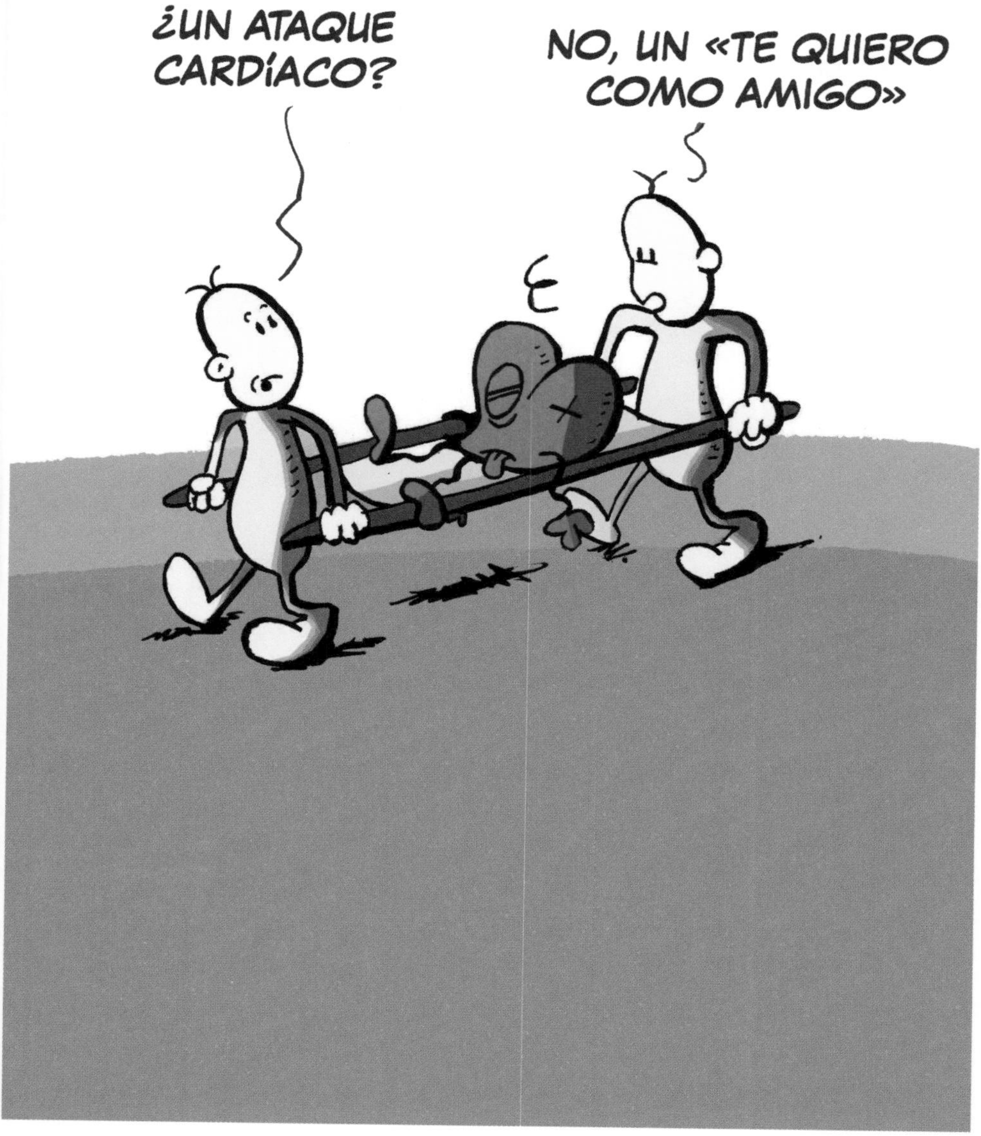
¿UN ATAQUE CARDÍACO?
NO, UN «TE QUIERO COMO AMIGO»

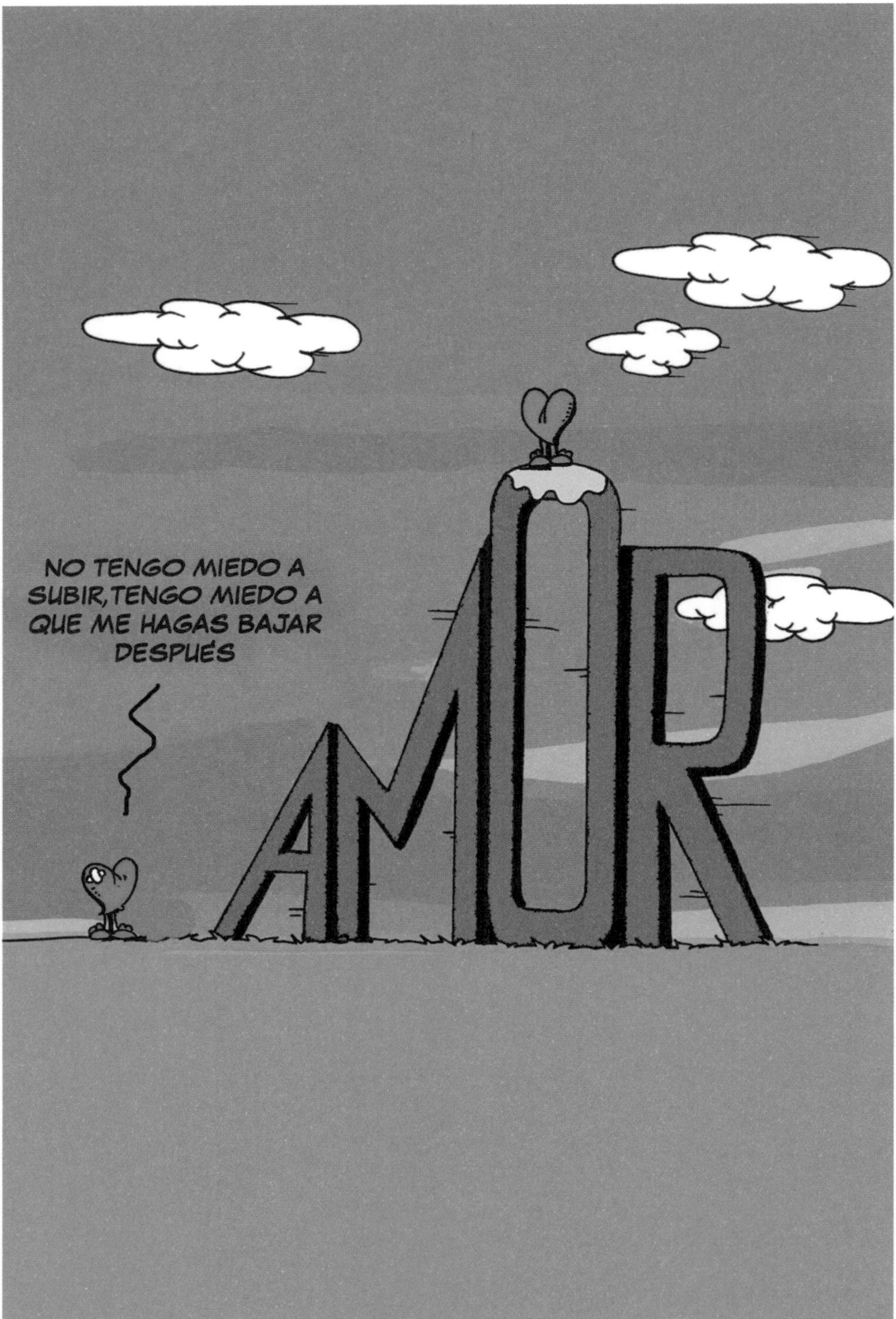
NO TENGO MIEDO A SUBIR, TENGO MIEDO A QUE ME HAGAS BAJAR DESPUÉS
AMOR

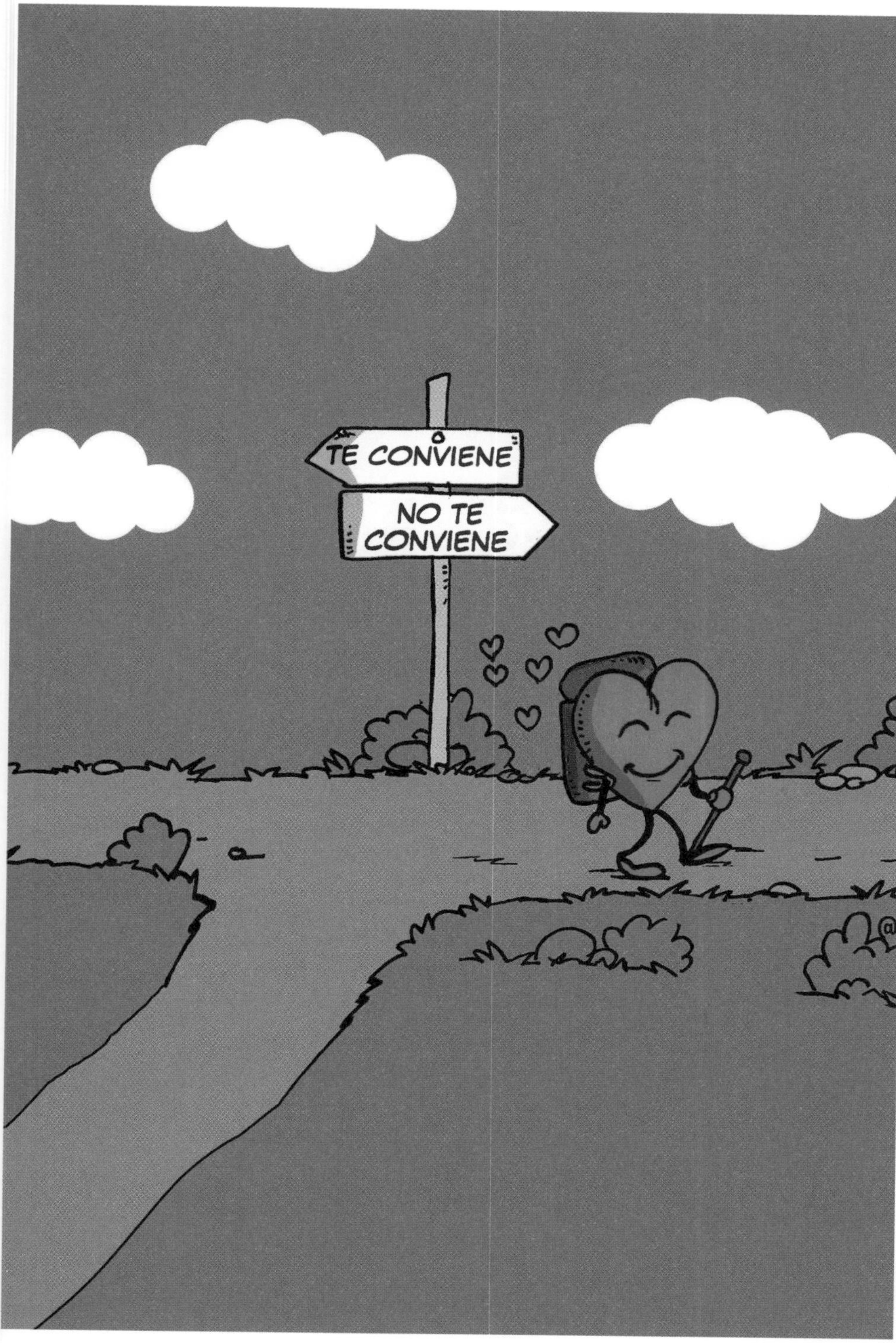
TE CONVIENE
NO TE CONVIENE

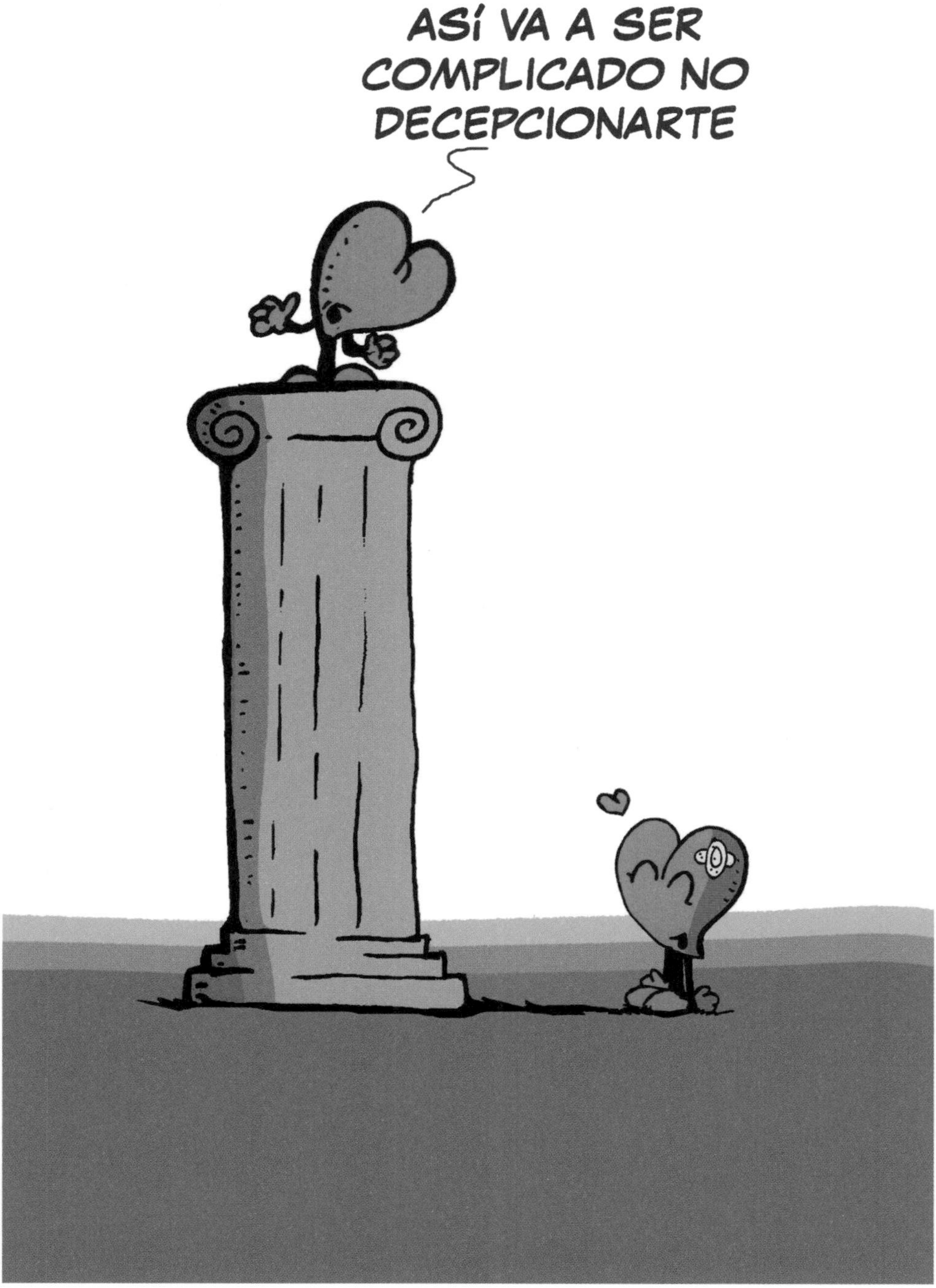
ASÍ VA A SER COMPLICADO NO DECEPCIONARTE

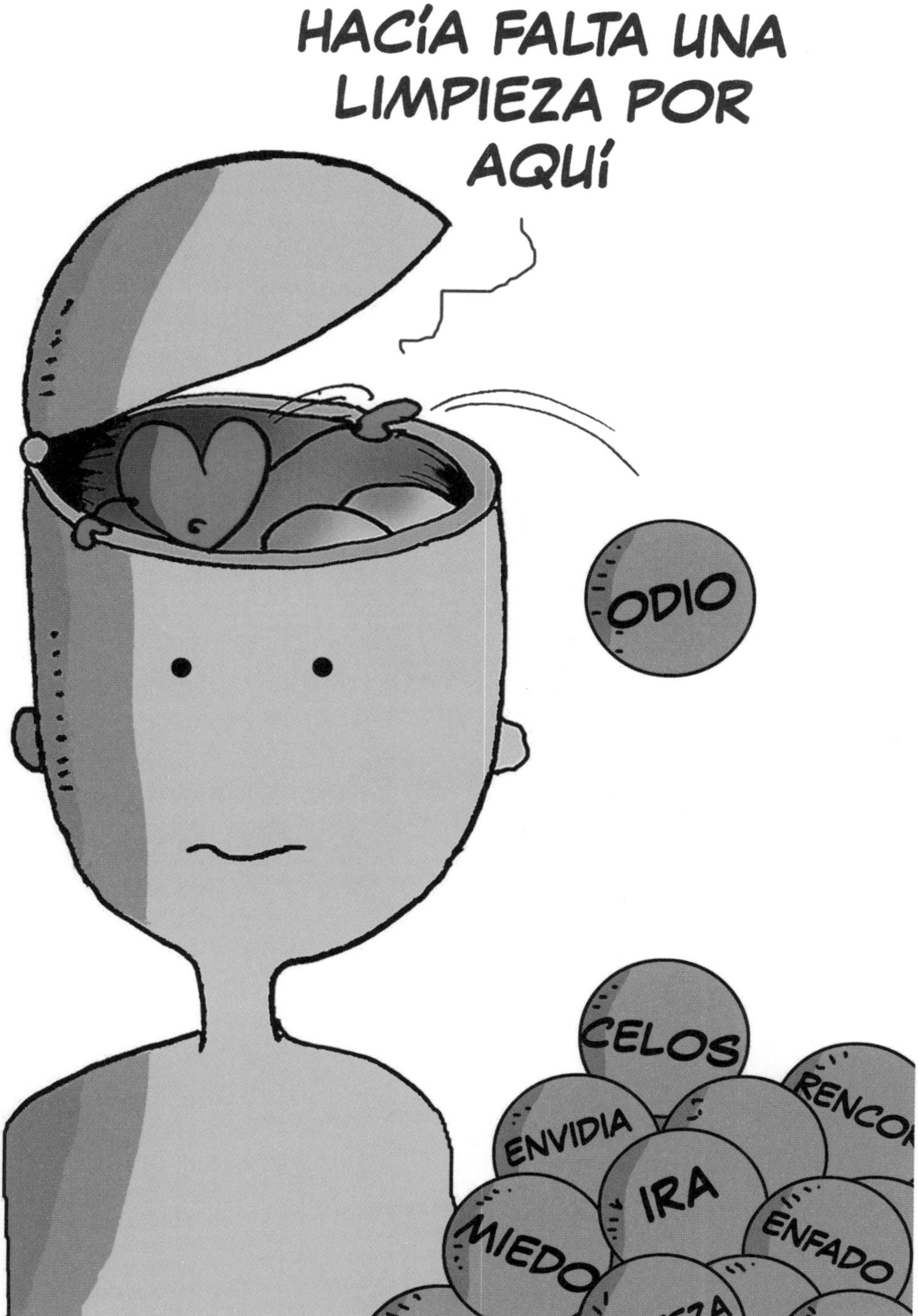
HACÍA FALTA UNA LIMPIEZA POR AQUÍ
ODIO
CELOS
ENVIDIA
IRA
MIEDO
ENFADO

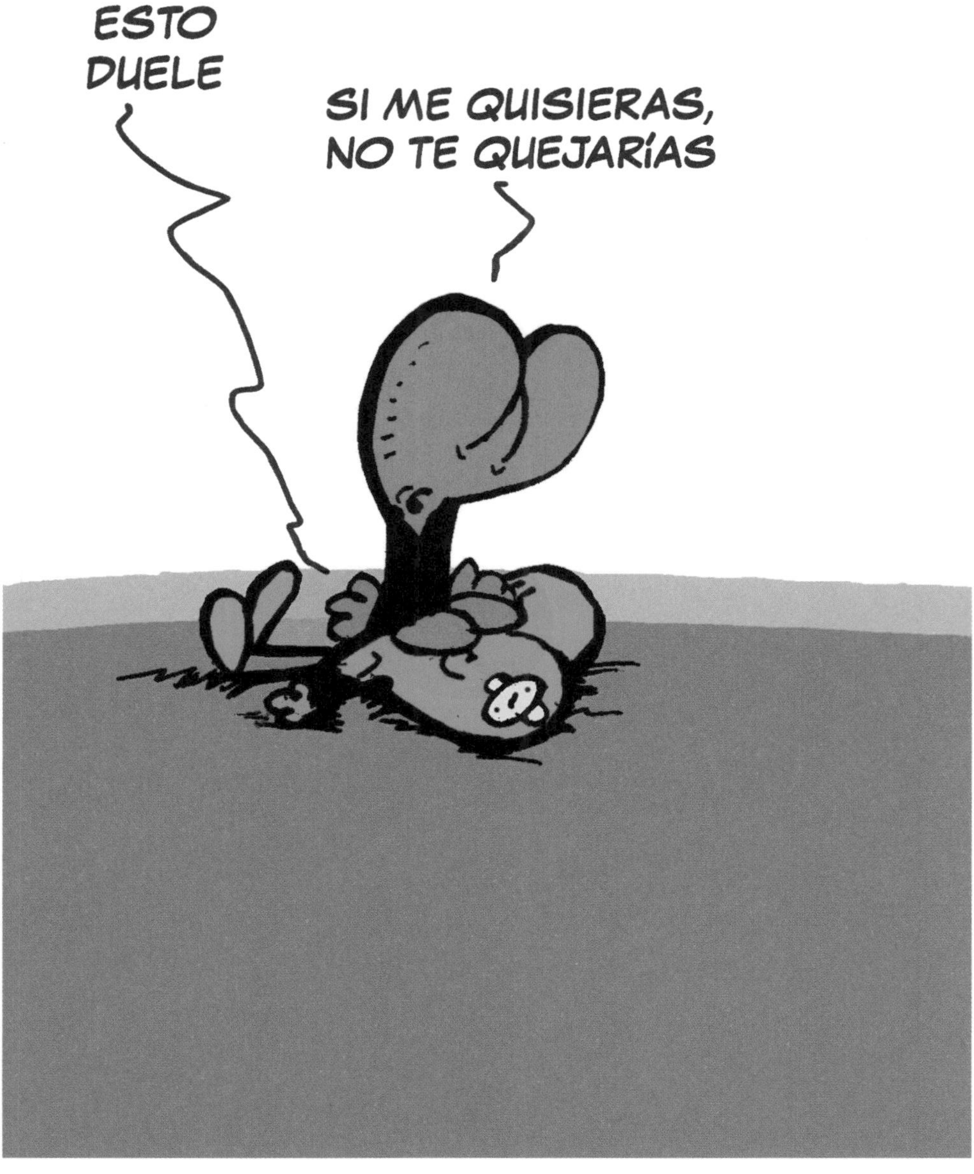

ESTO DUELE
SI ME QUISIERAS, NO TE QUEJARÍAS

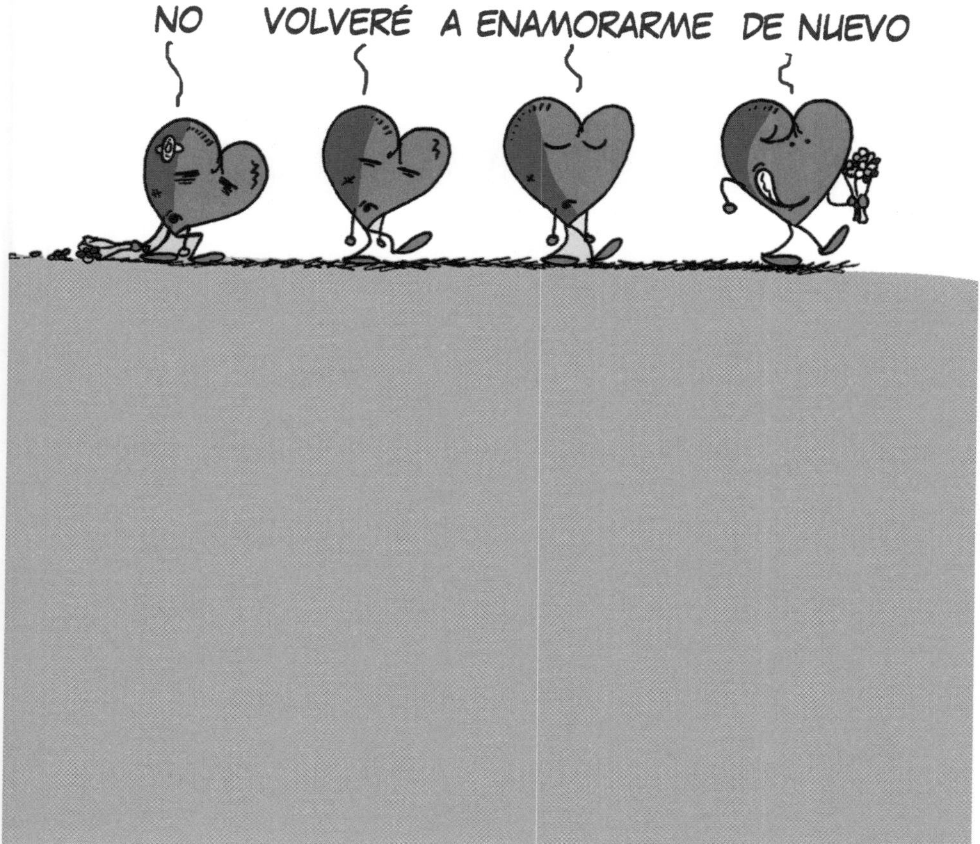
NO
VOLVERÉ
A ENAMORARME
DE NUEVO

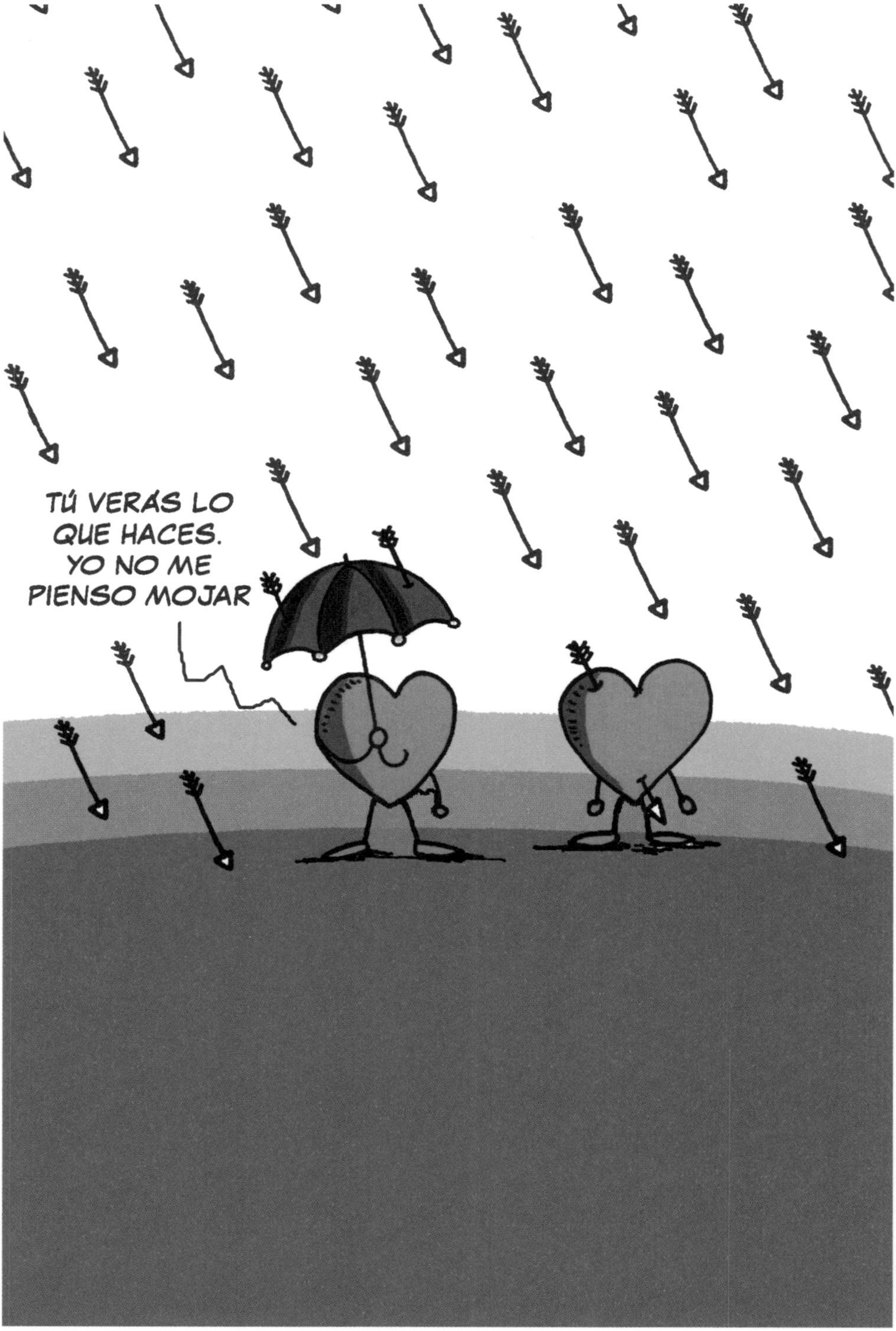
TÚ VERÁS LO QUE HACES. YO NO ME PIENSO MOJAR

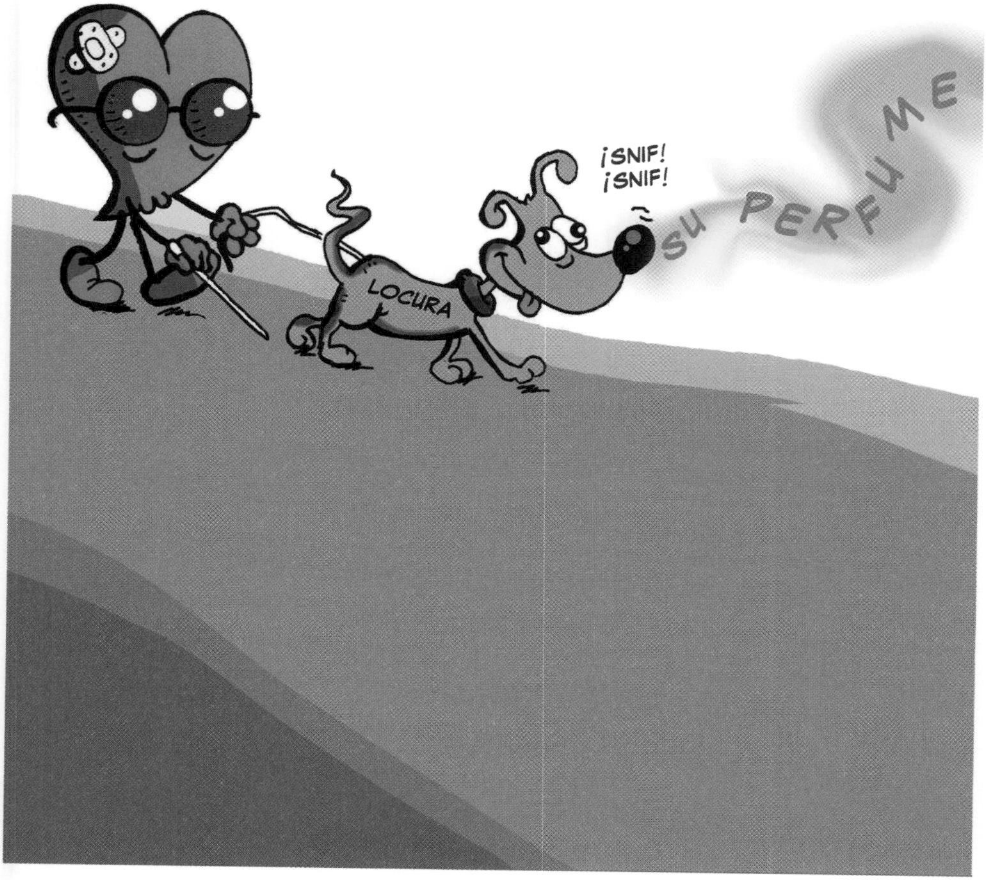
¡SNIF!
¡SNIF!
SU PERFUME
LOCURA

PSICOANÁLISIS

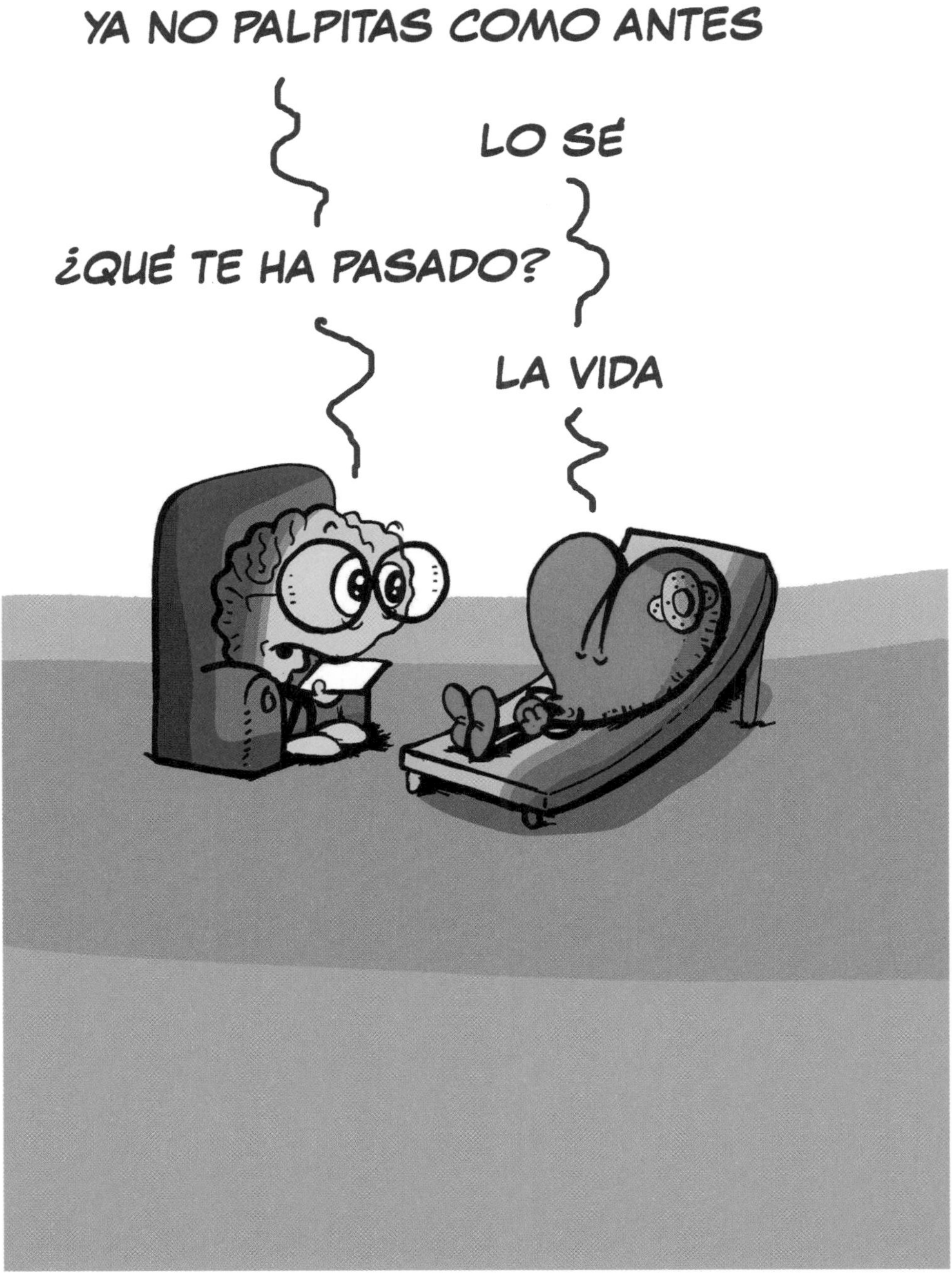
YA NO PALPITAS COMO ANTES
LO SÉ
¿QUÉ TE HA PASADO?
LA VIDA

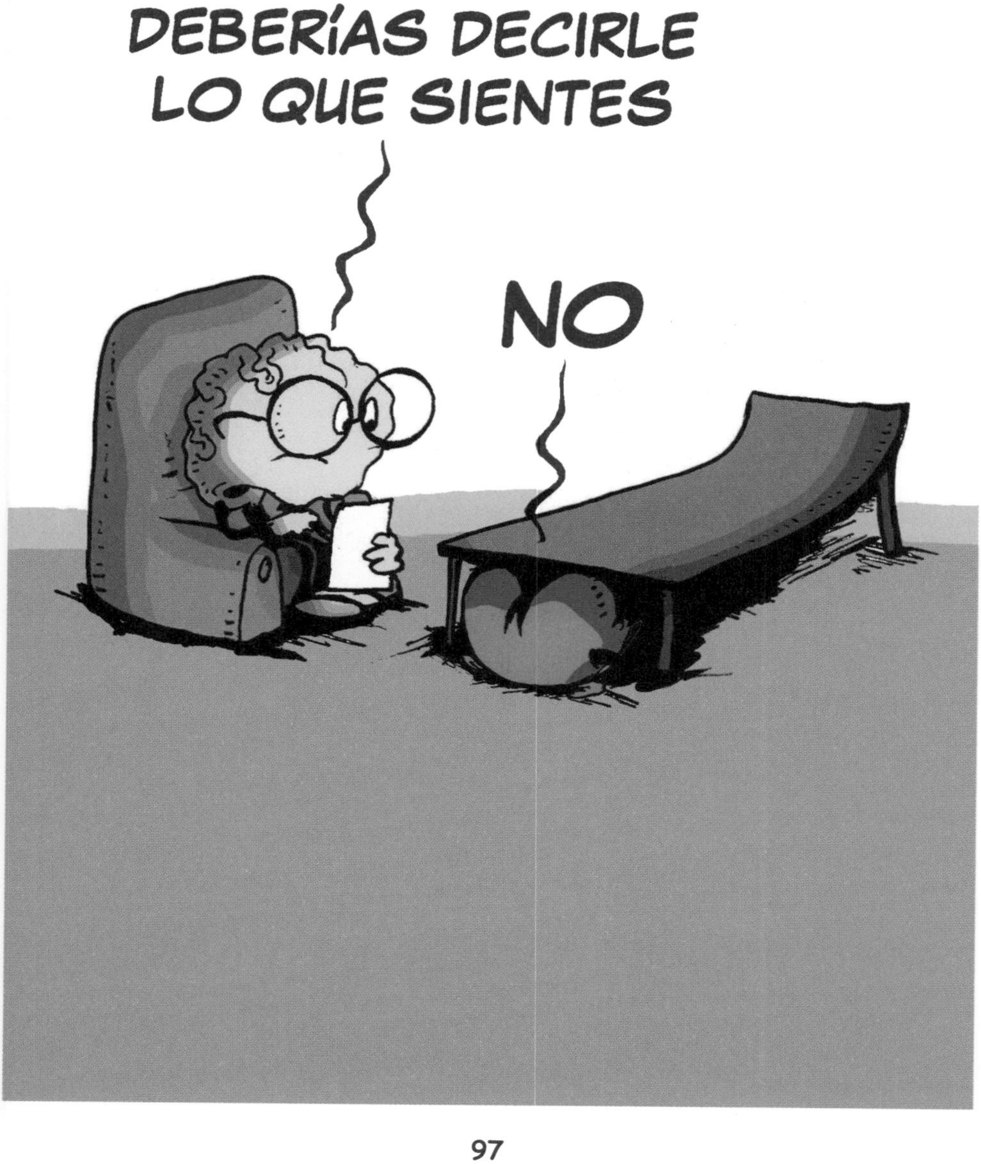
DEBERÍAS DECIRLE
LO QUE SIENTES
NO

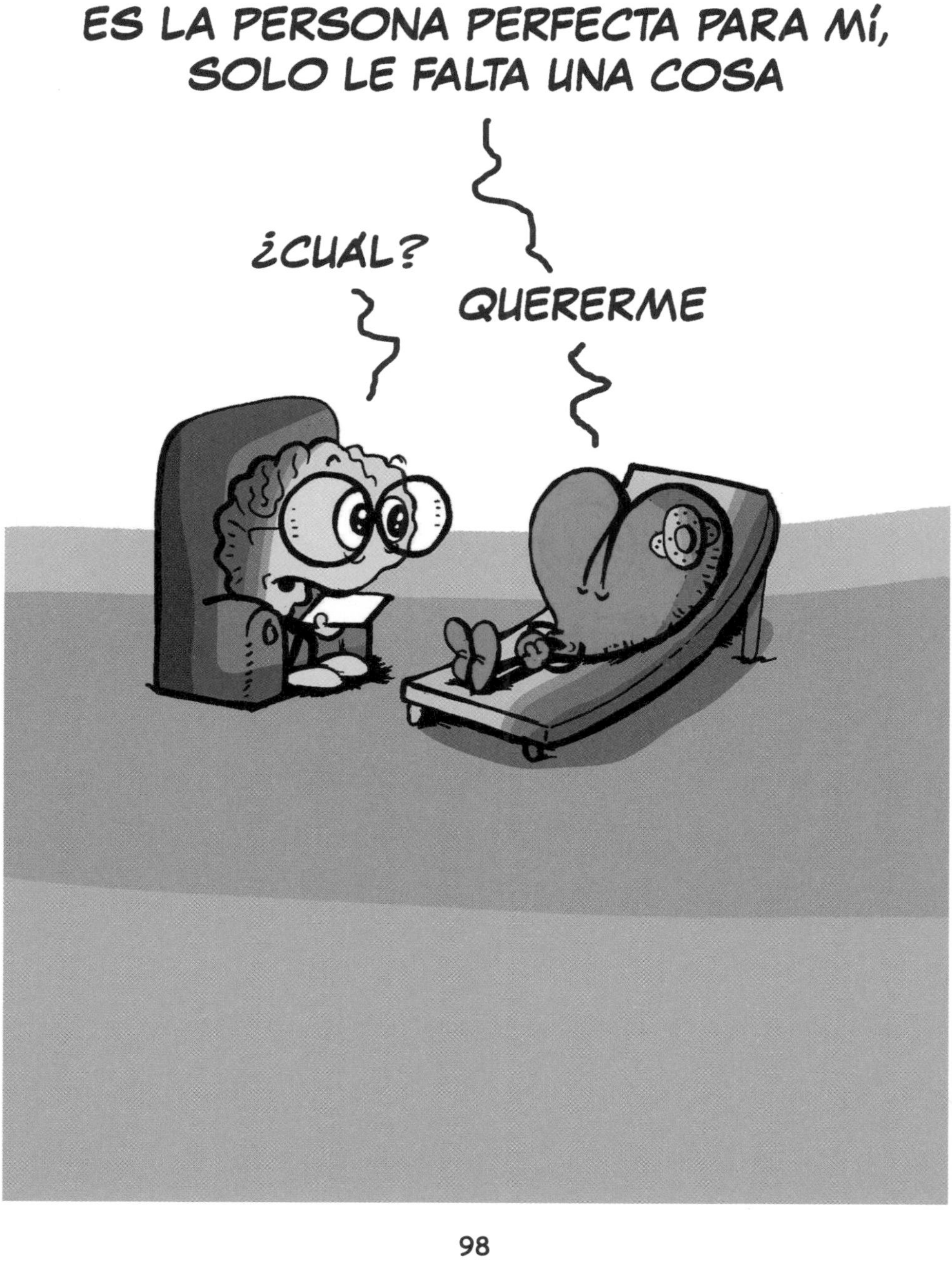
ES LA PERSONA PERFECTA PARA MÍ,
SOLO LE FALTA UNA COSA
¿CUÁL?
QUERERME

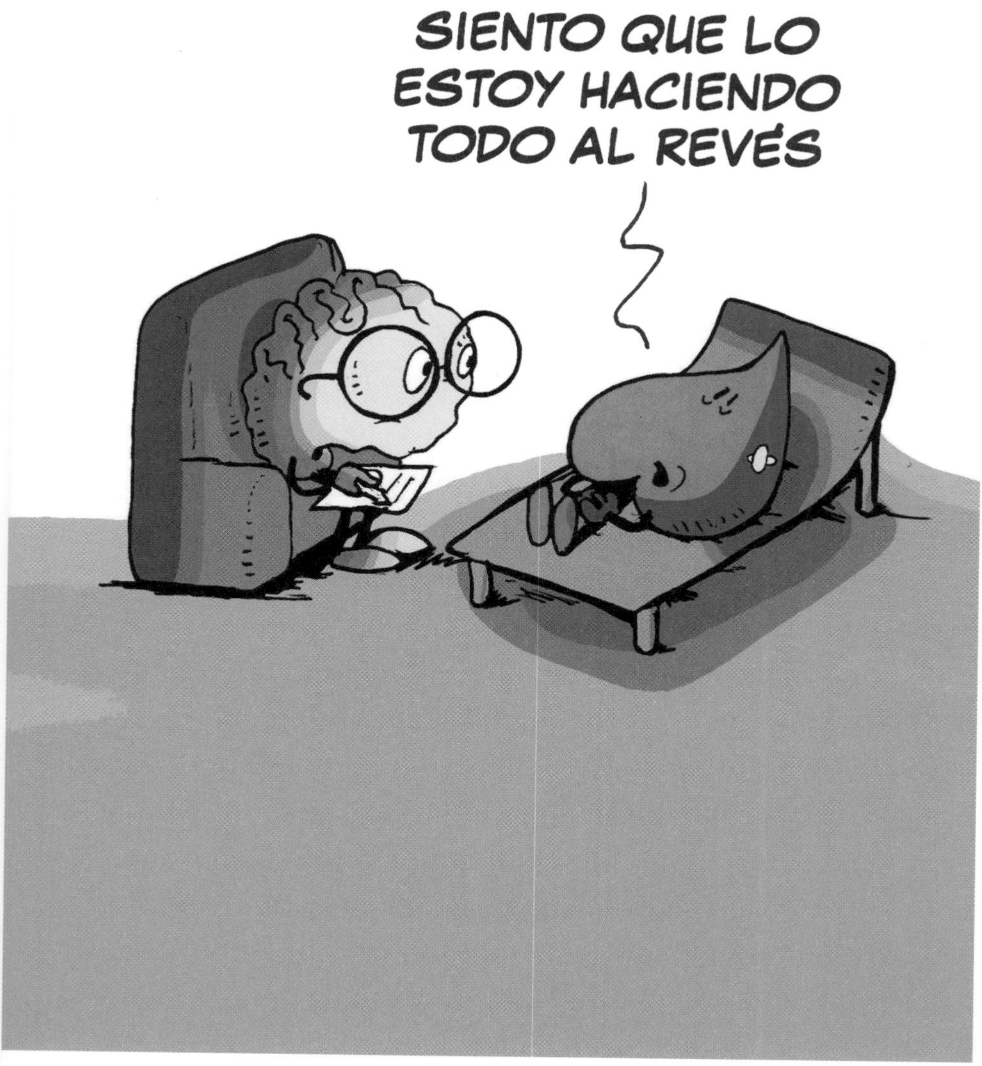
SIENTO QUE LO ESTOY HACIENDO TODO AL REVÉS

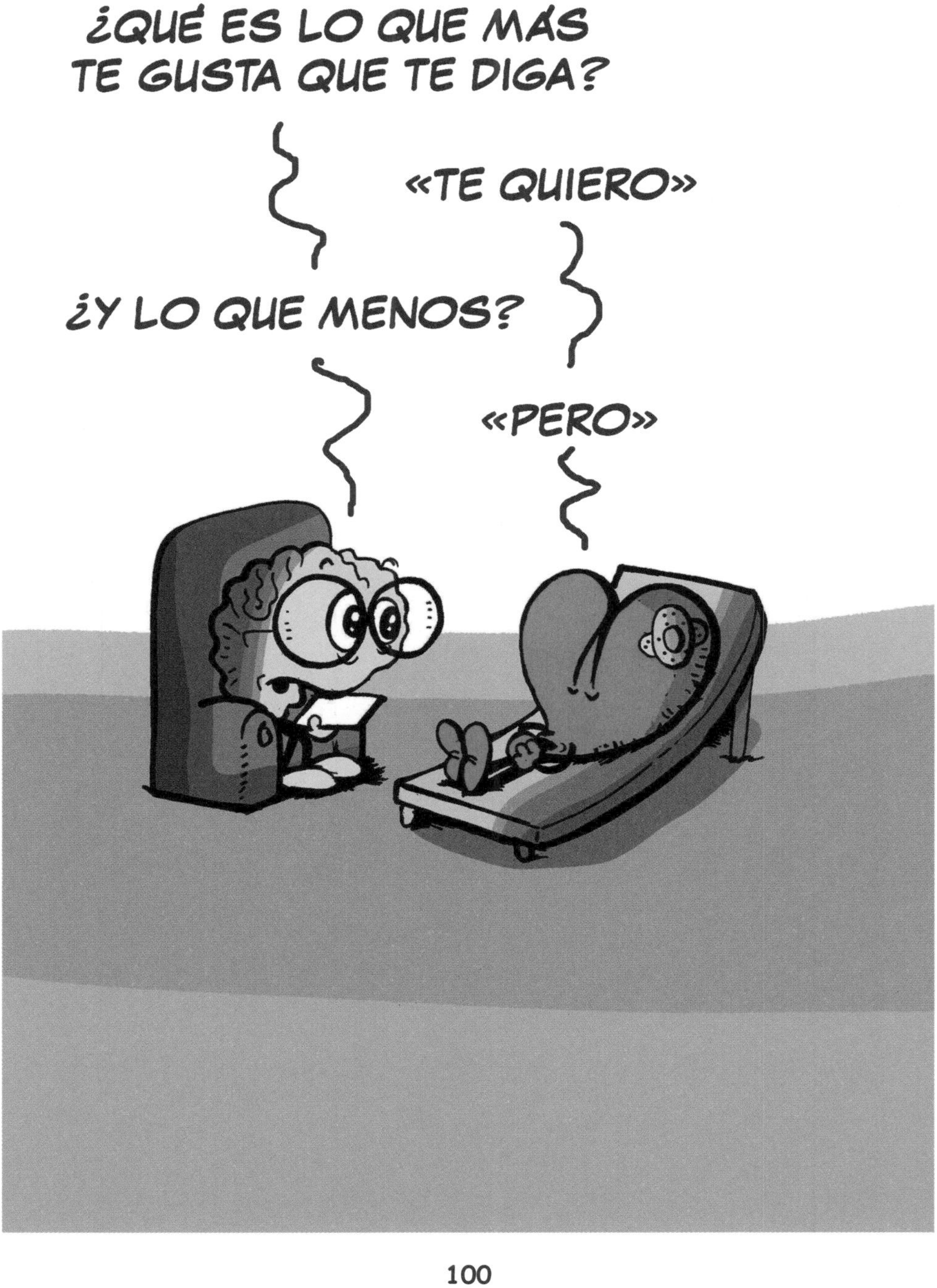
¿QUÉ ES LO QUE MÁS TE GUSTA QUE TE DIGA?
«TE QUIERO»
¿Y LO QUE MENOS?
«PERO»

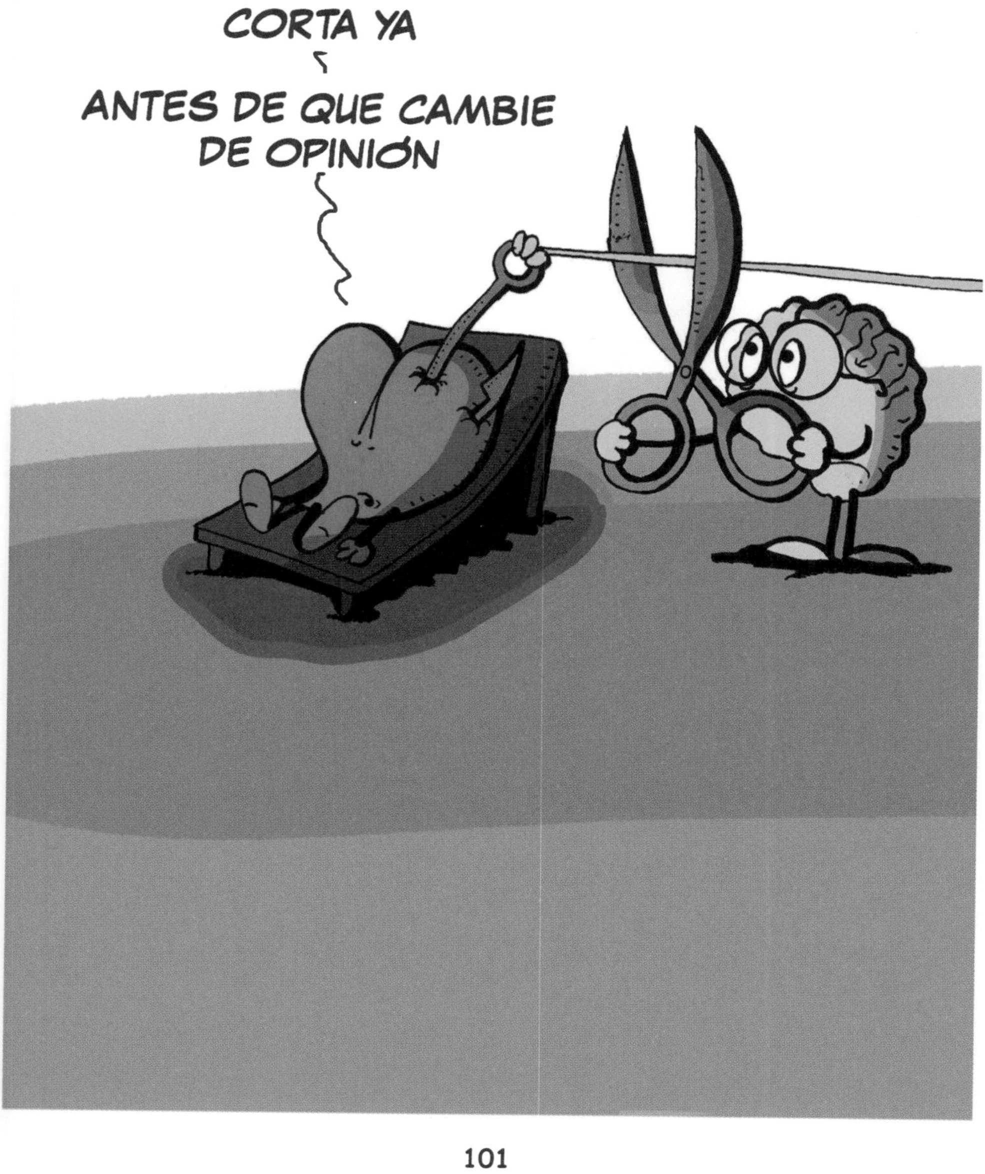
CORTA YA
ANTES DE QUE CAMBIE DE OPINIÓN

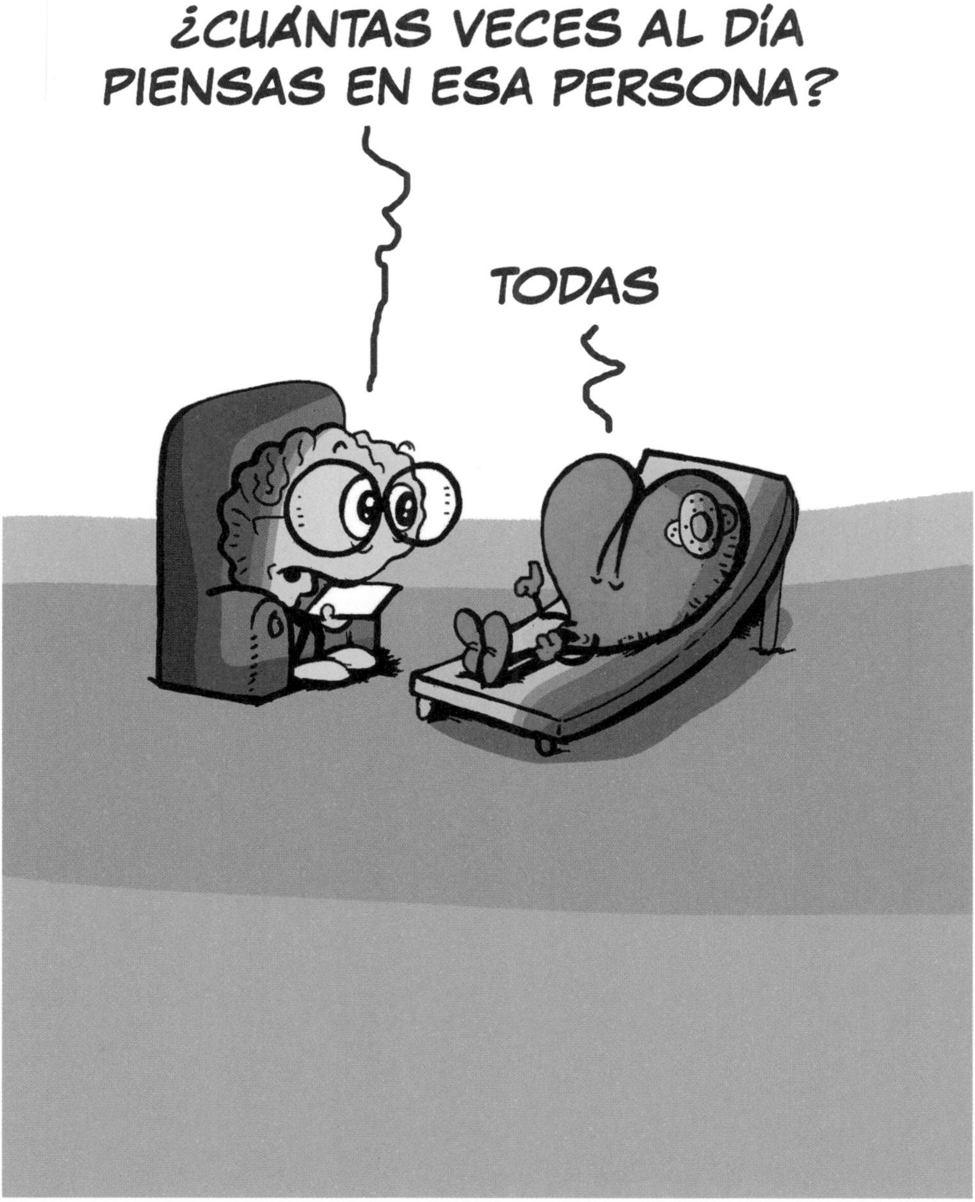
¿CUÁNTAS VECES AL DÍA PIENSAS EN ESA PERSONA?
TODAS

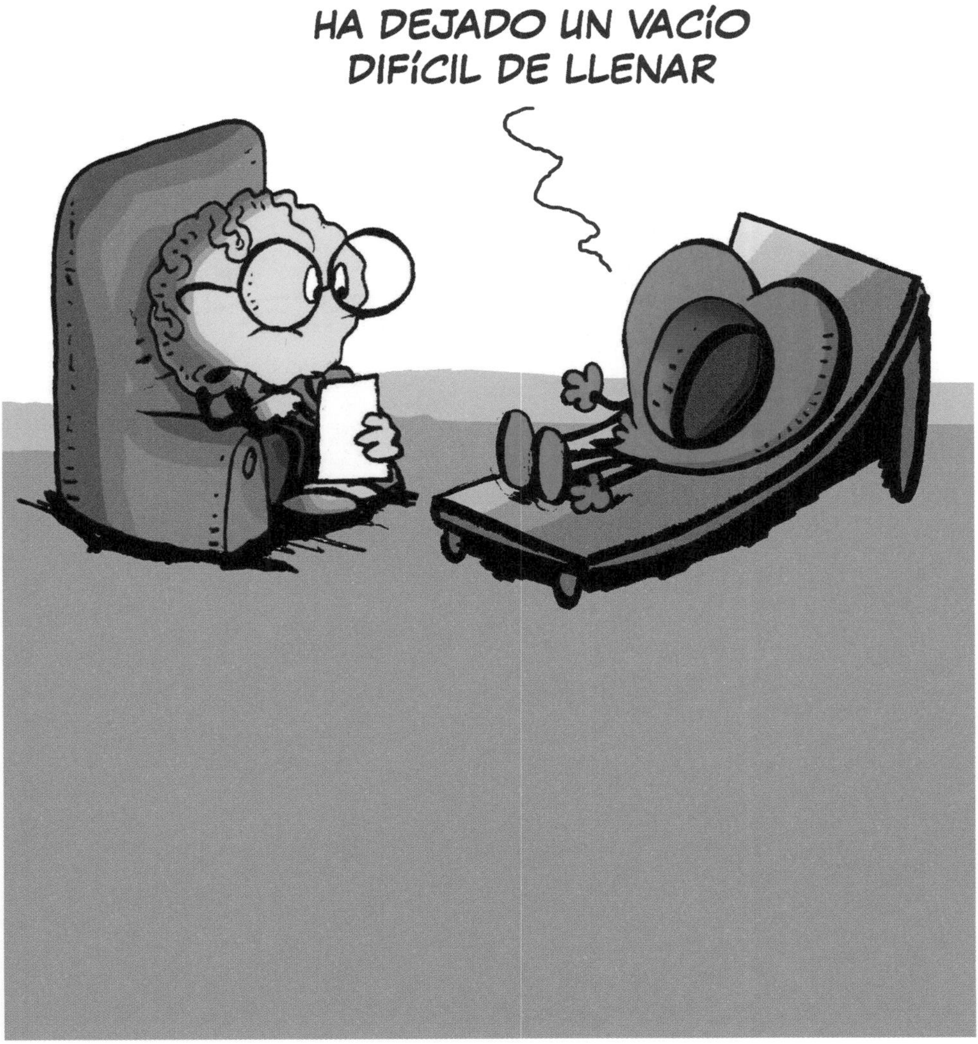
HA DEJADO UN VACÍO
DIFÍCIL DE LLENAR

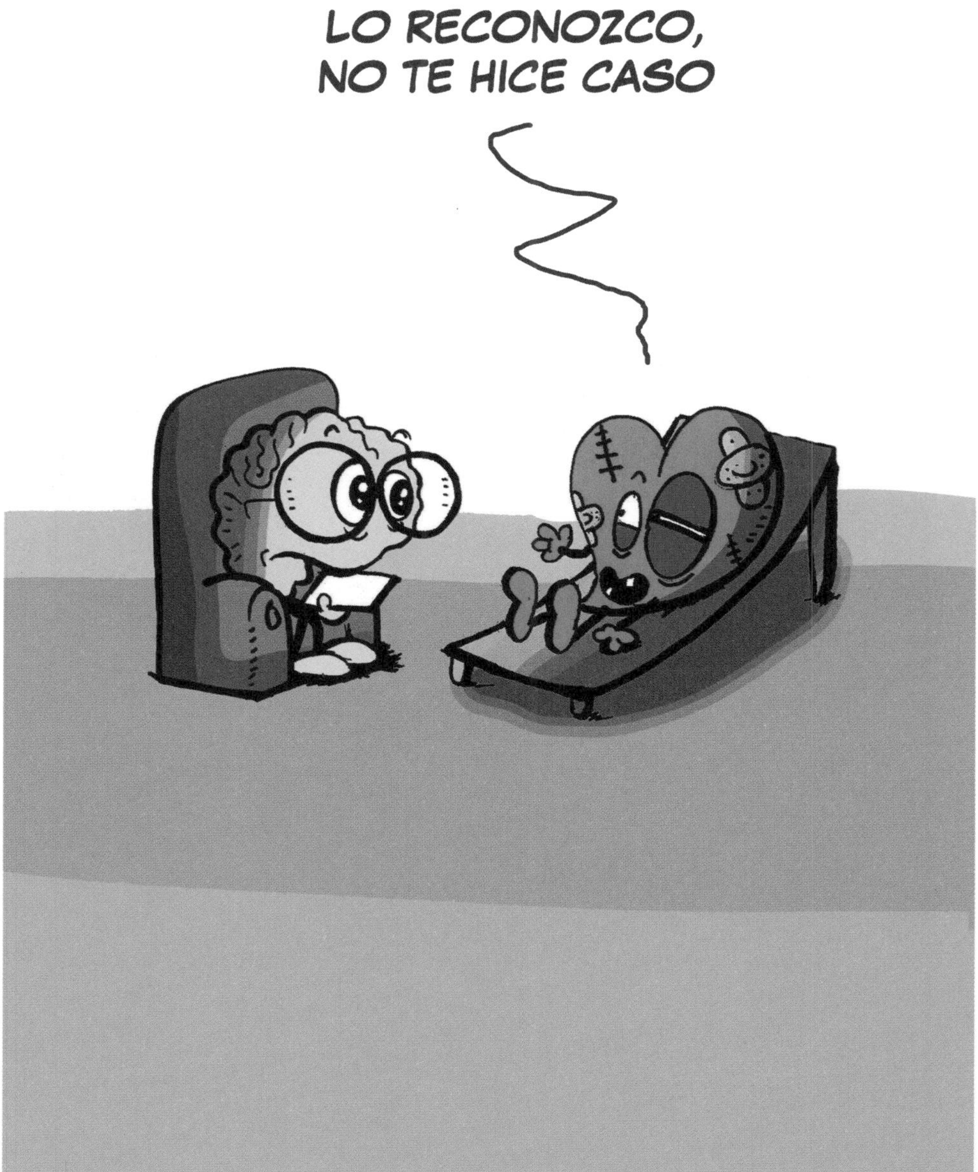
LO RECONOZCO,
NO TE HICE CASO

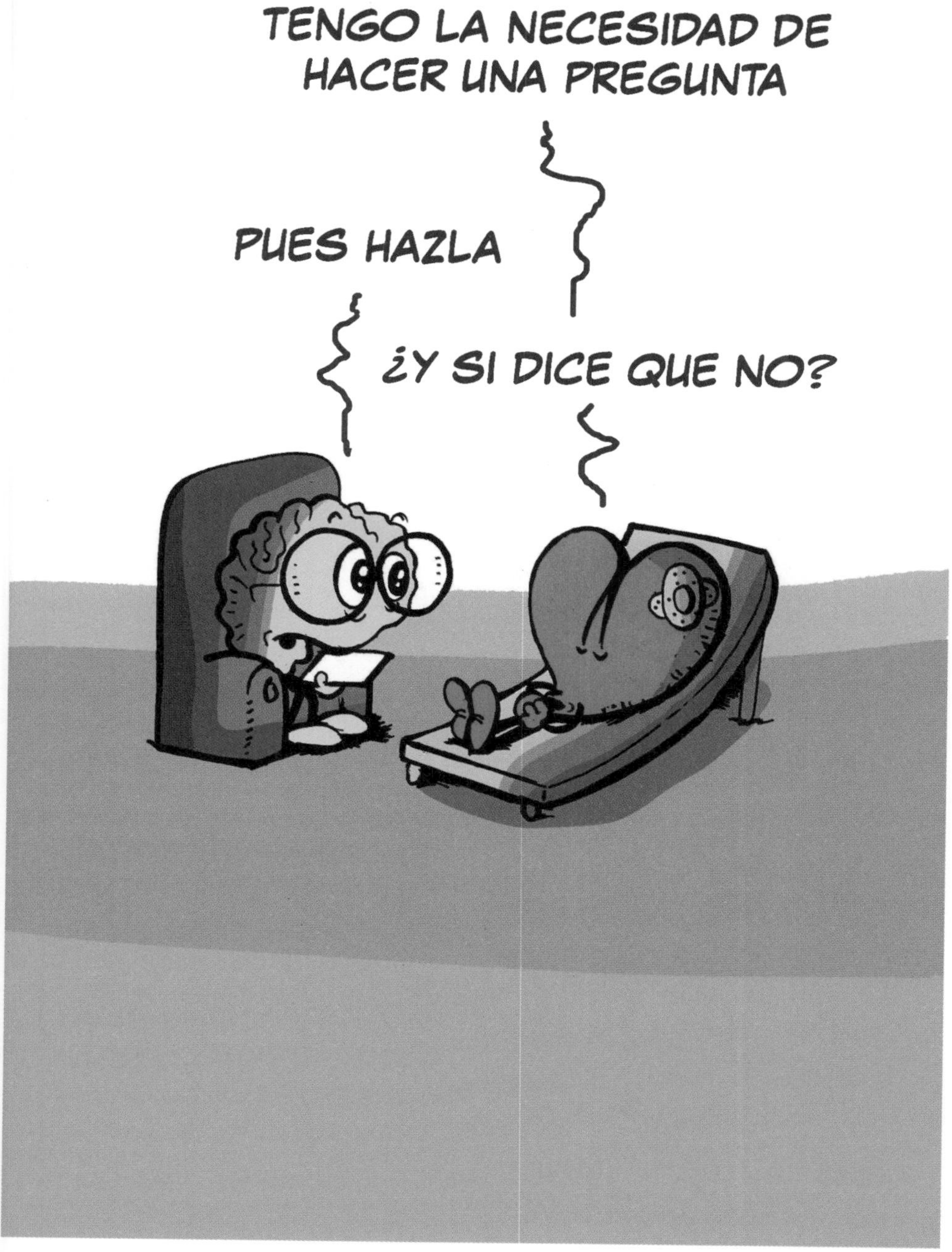
TENGO LA NECESIDAD DE HACER UNA PREGUNTA
PUES HAZLA
¿Y SI DICE QUE NO?

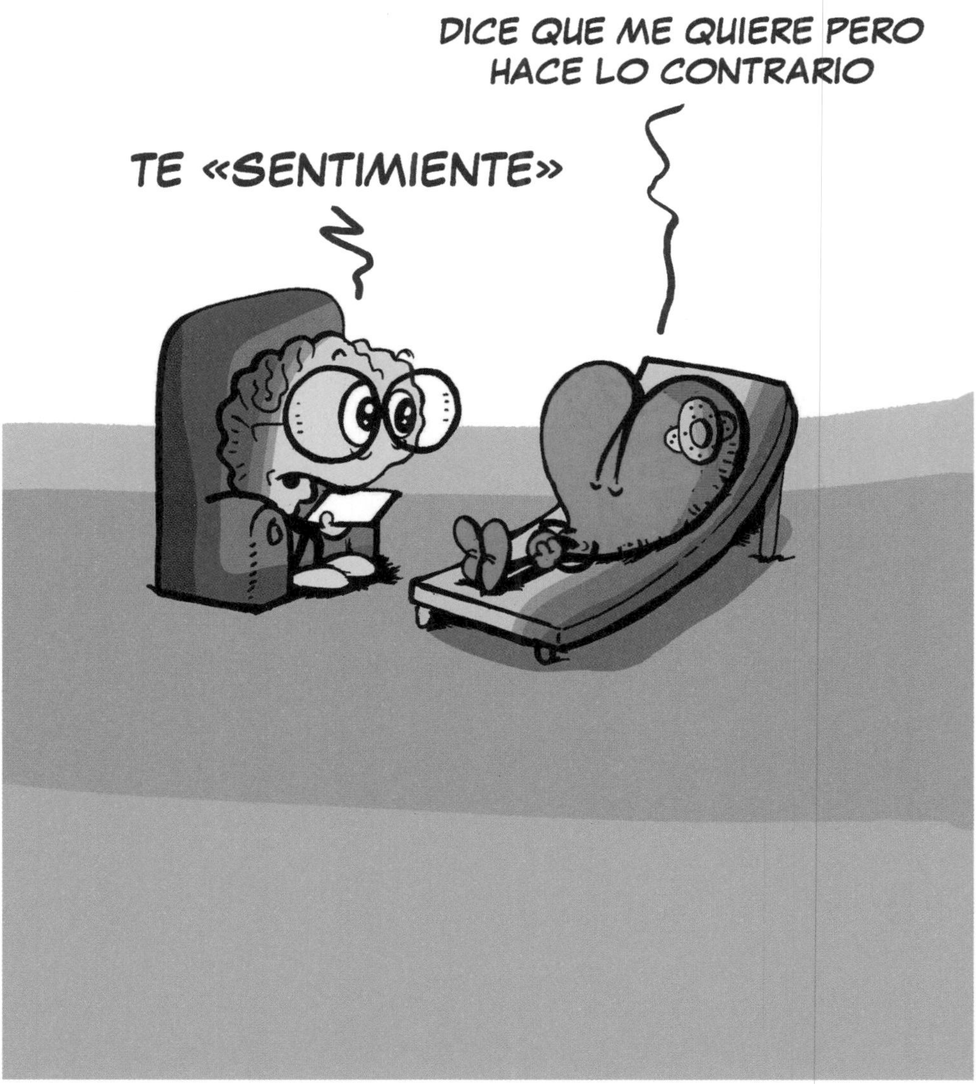
DICE QUE ME QUIERE PERO HACE LO CONTRARIO
TE «SENTIMIENTE»

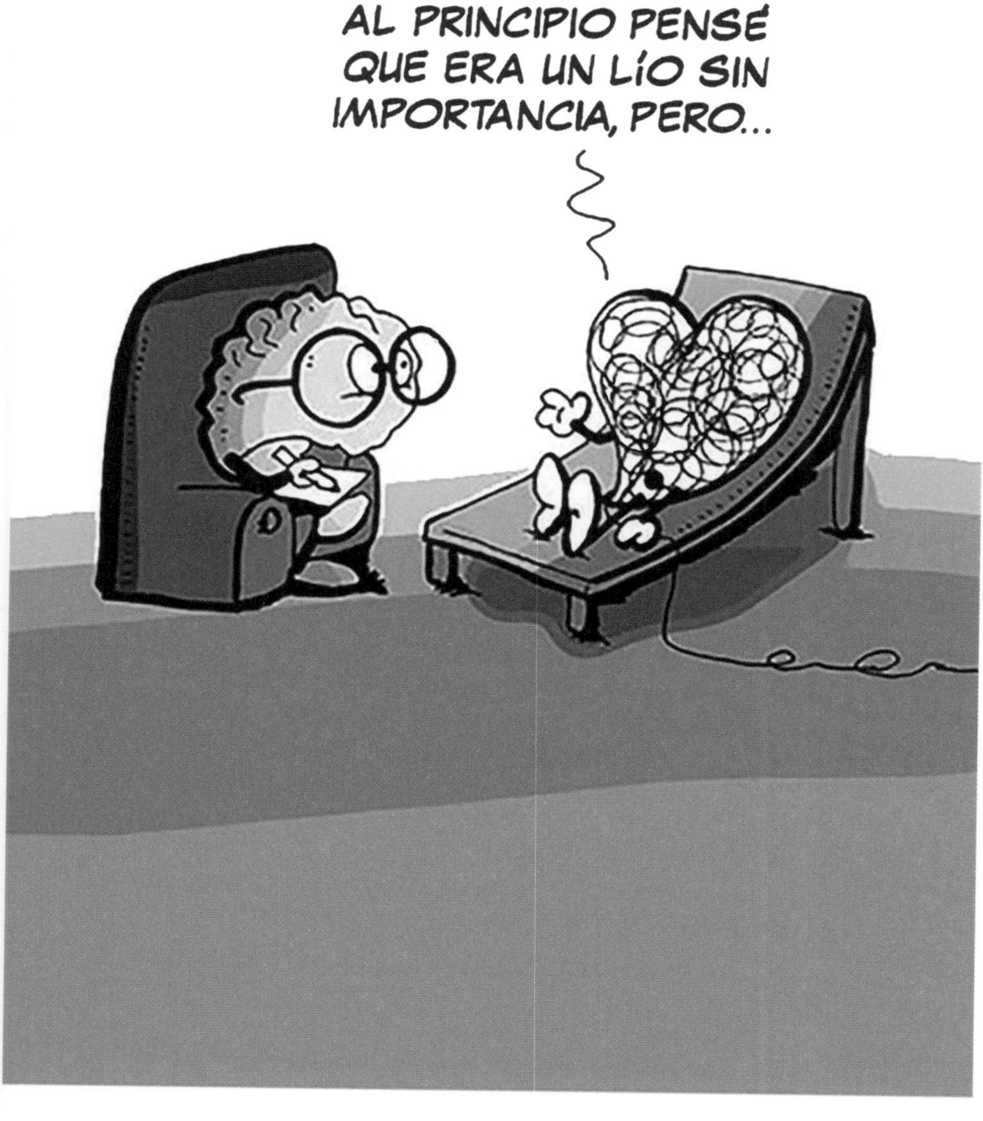
AL PRINCIPIO PENSÉ QUE ERA UN LÍO SIN IMPORTANCIA, PERO...

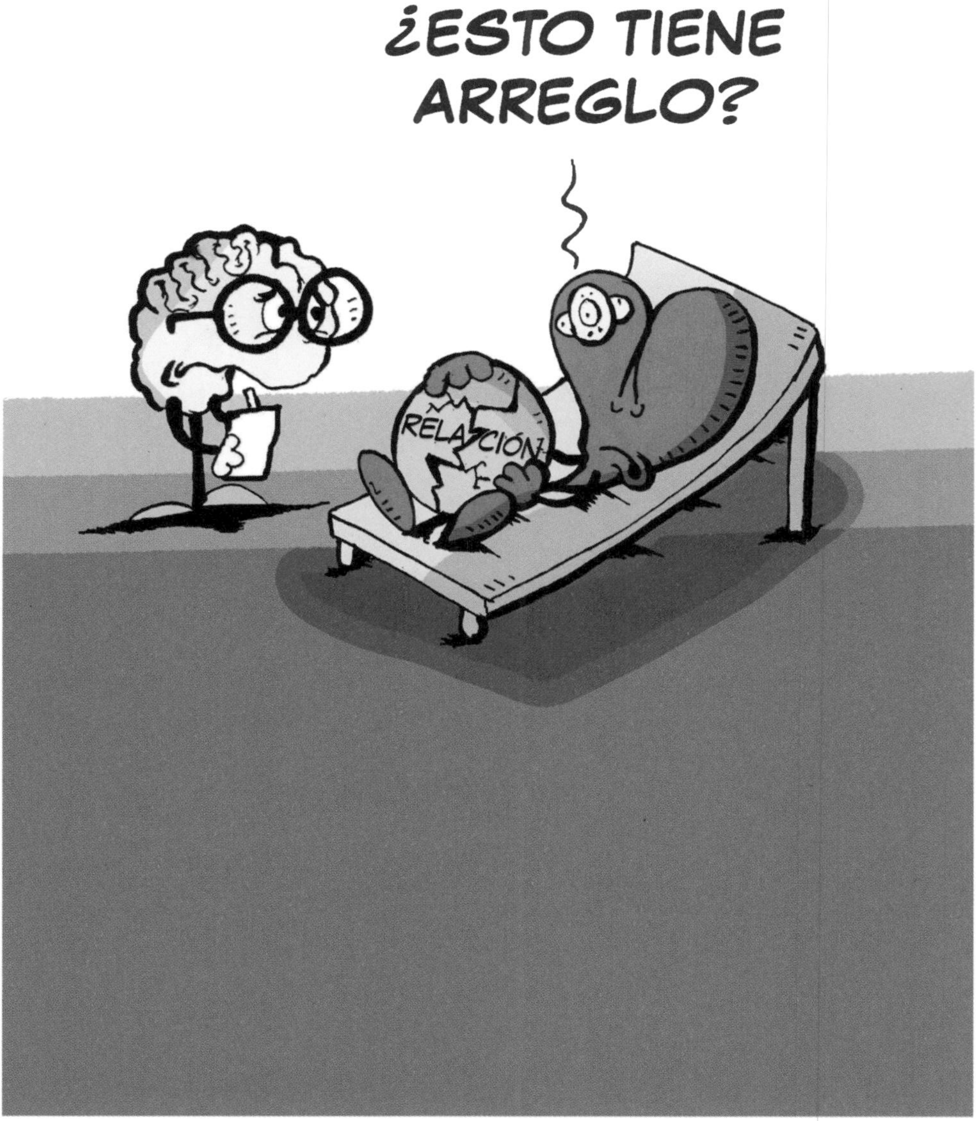
¿ESTO TIENE ARREGLO?
RELACIÓN

PORQUE DEBERÍAS BLA, BLA, BLA...
TENER AMOR PROPIO, BLA, BLA, BLA...
SABER SOLTAR BLA, BLA, BLA...
SABER DECIR QUE NO, BLA, BLA, BLA...
...
NO ME ESTÁS ESCUCHANDO, ¿VERDAD?

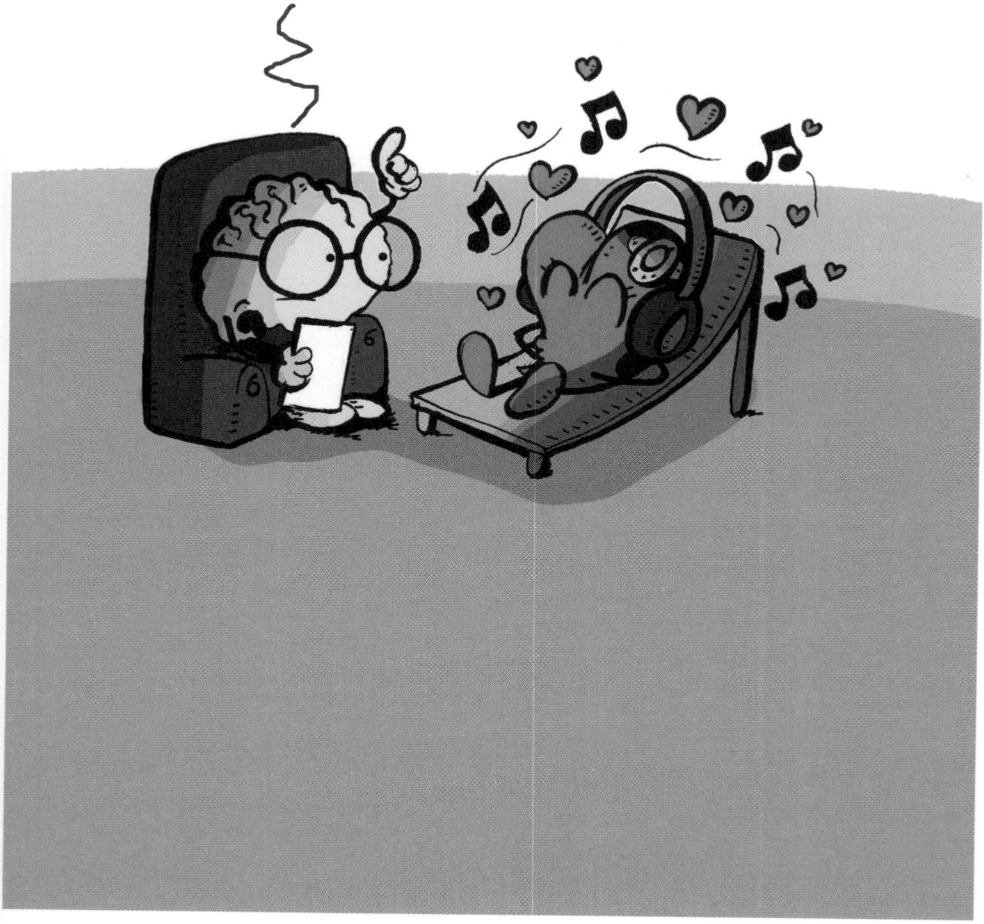

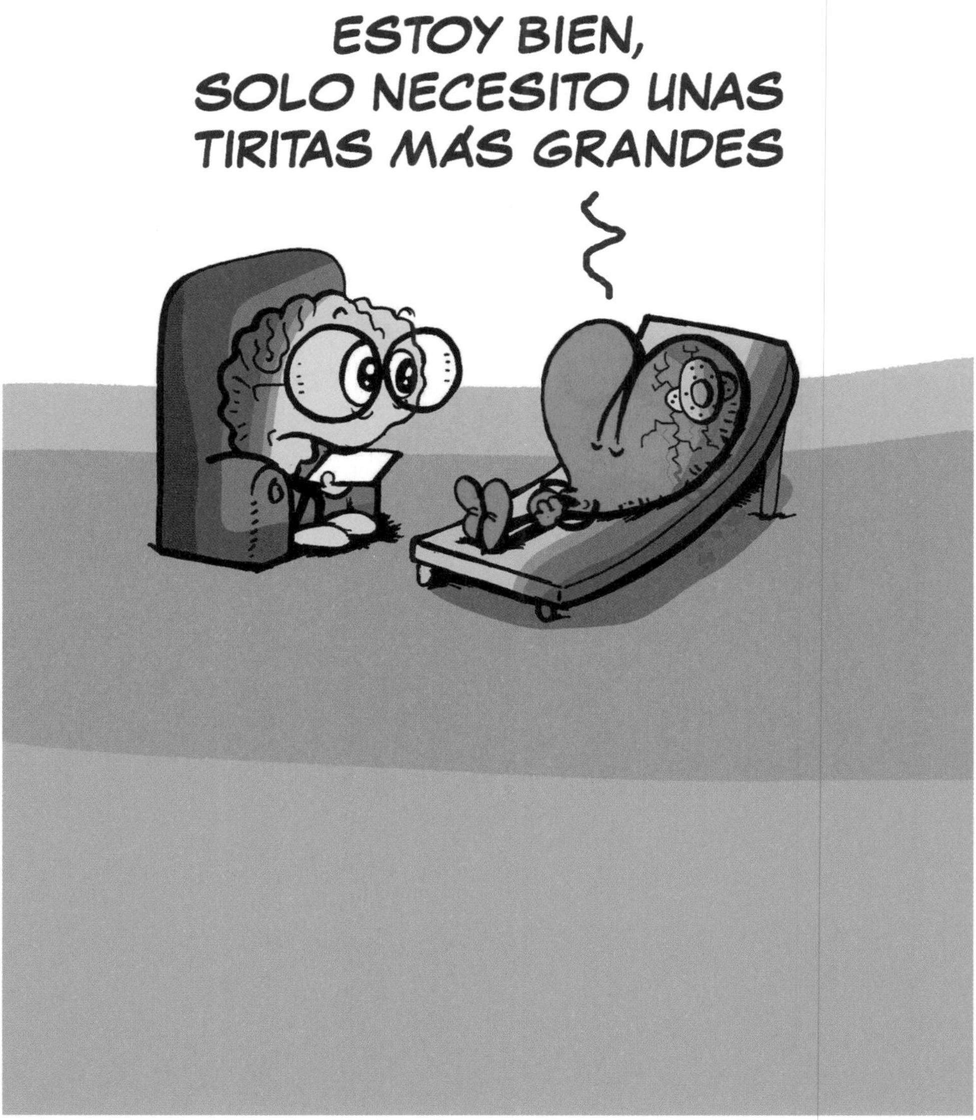
ESTOY BIEN,
SOLO NECESITO UNAS
TIRITAS MÁS GRANDES

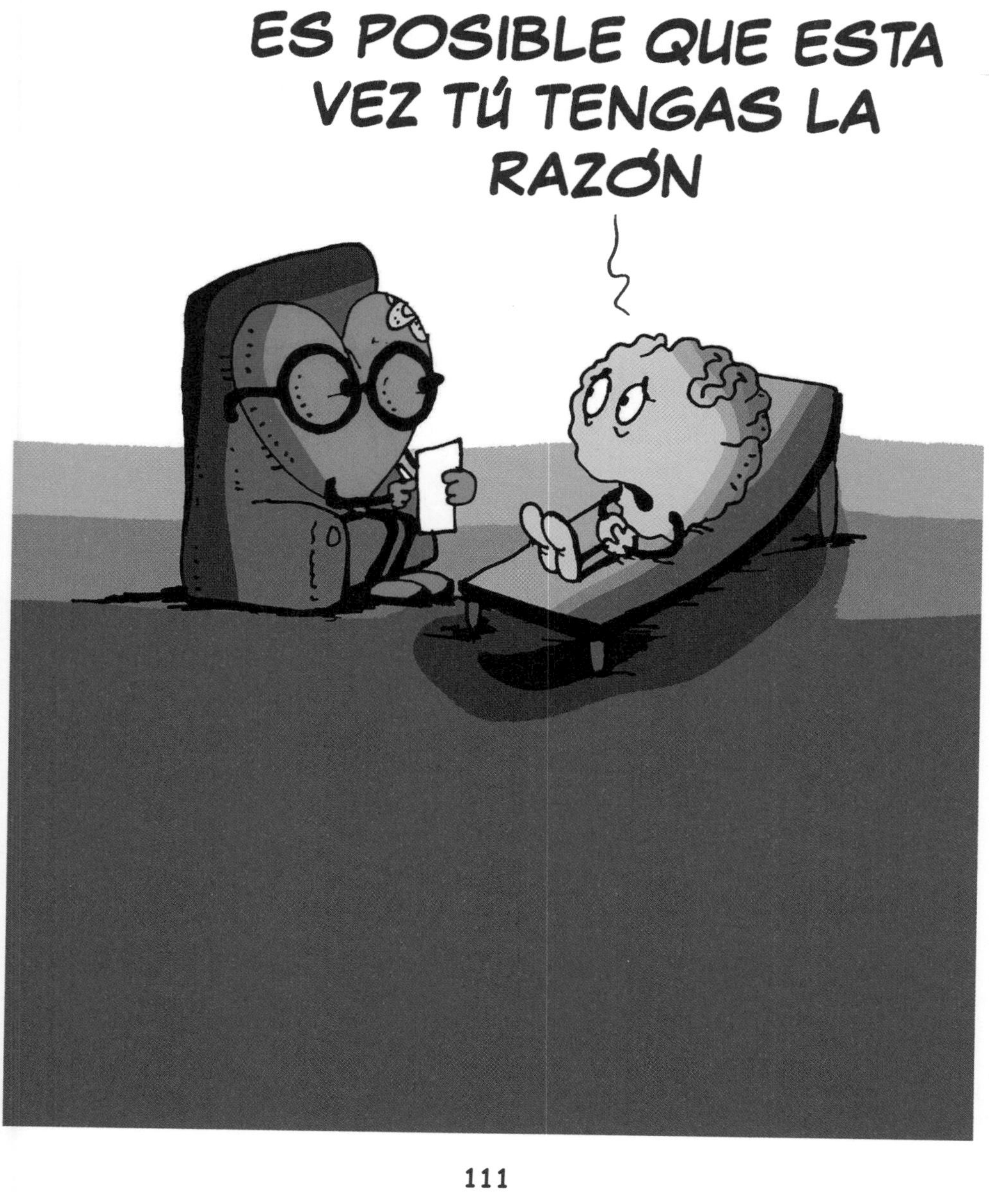
ES POSIBLE QUE ESTA VEZ TÚ TENGAS LA RAZÓN

TIPOS DE CORAZONES

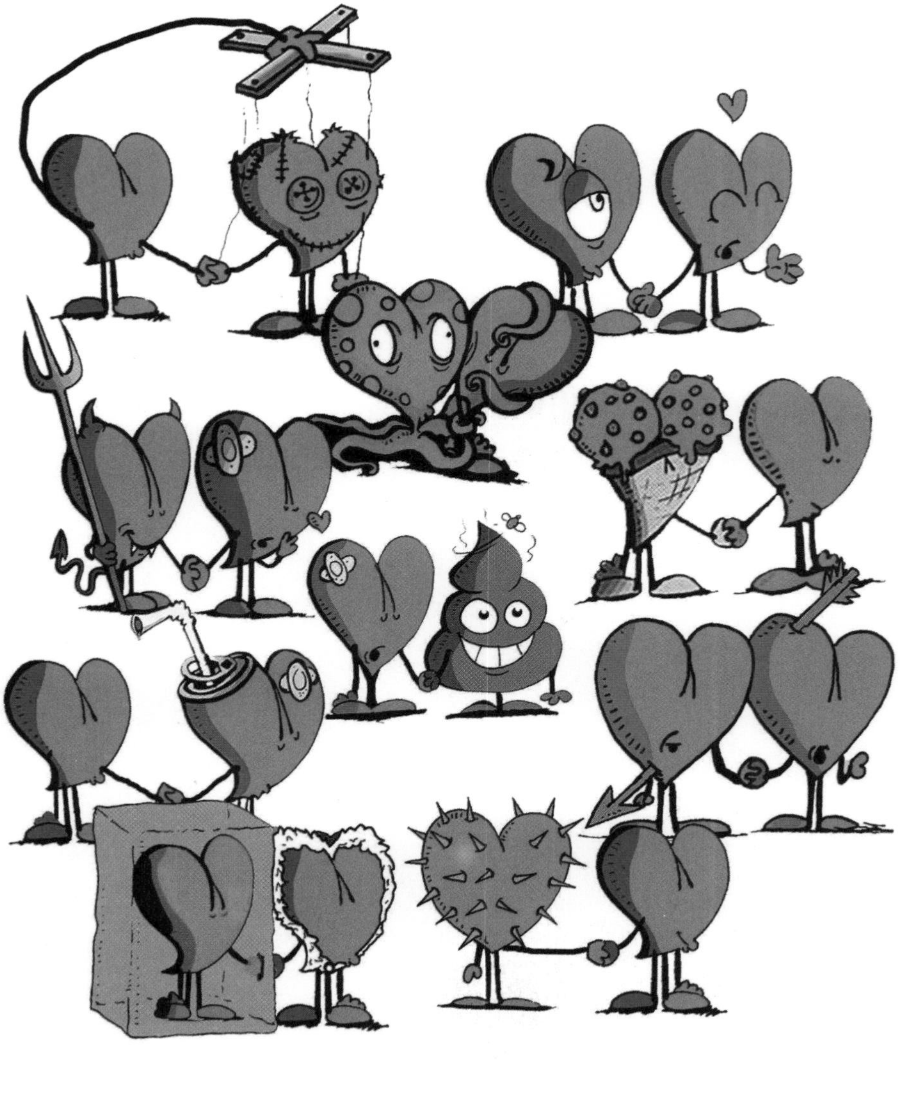

DISTANTE

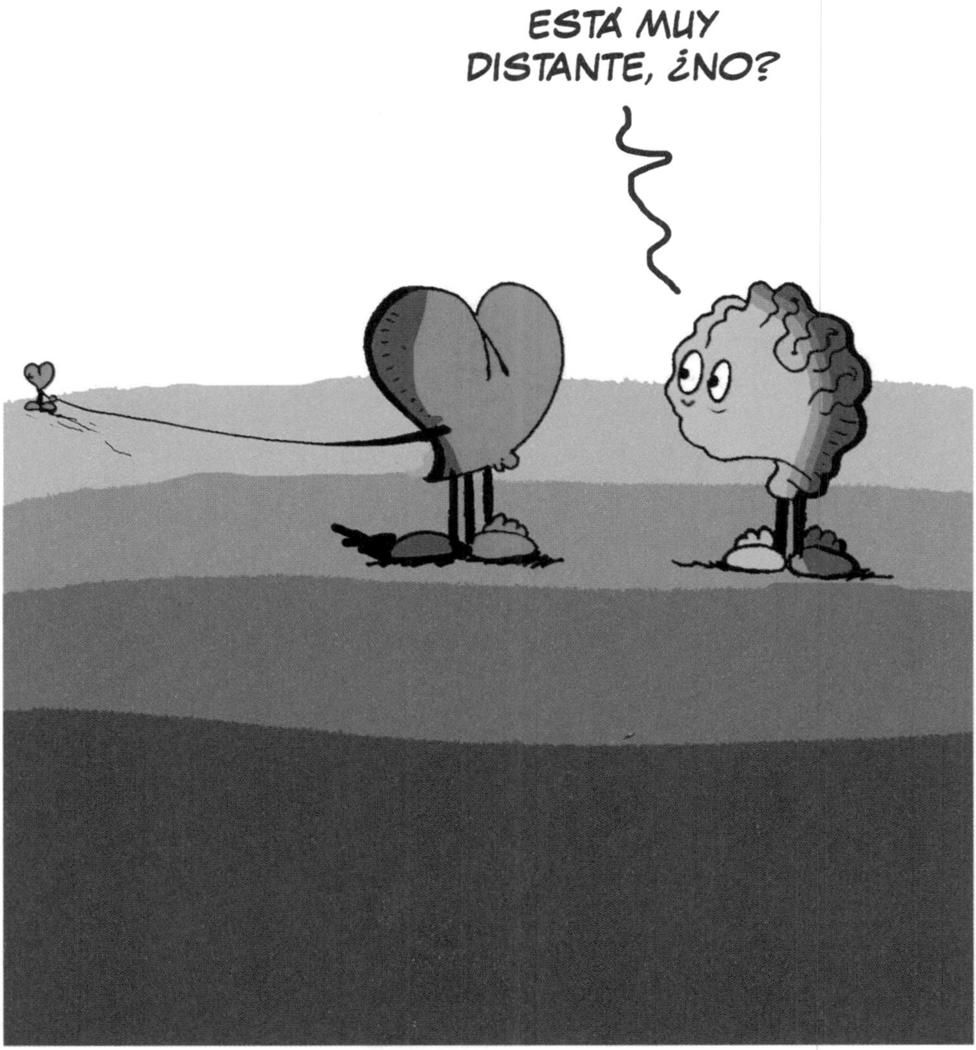
ESTÁ MUY DISTANTE, ¿NO?

MANIPULADOR

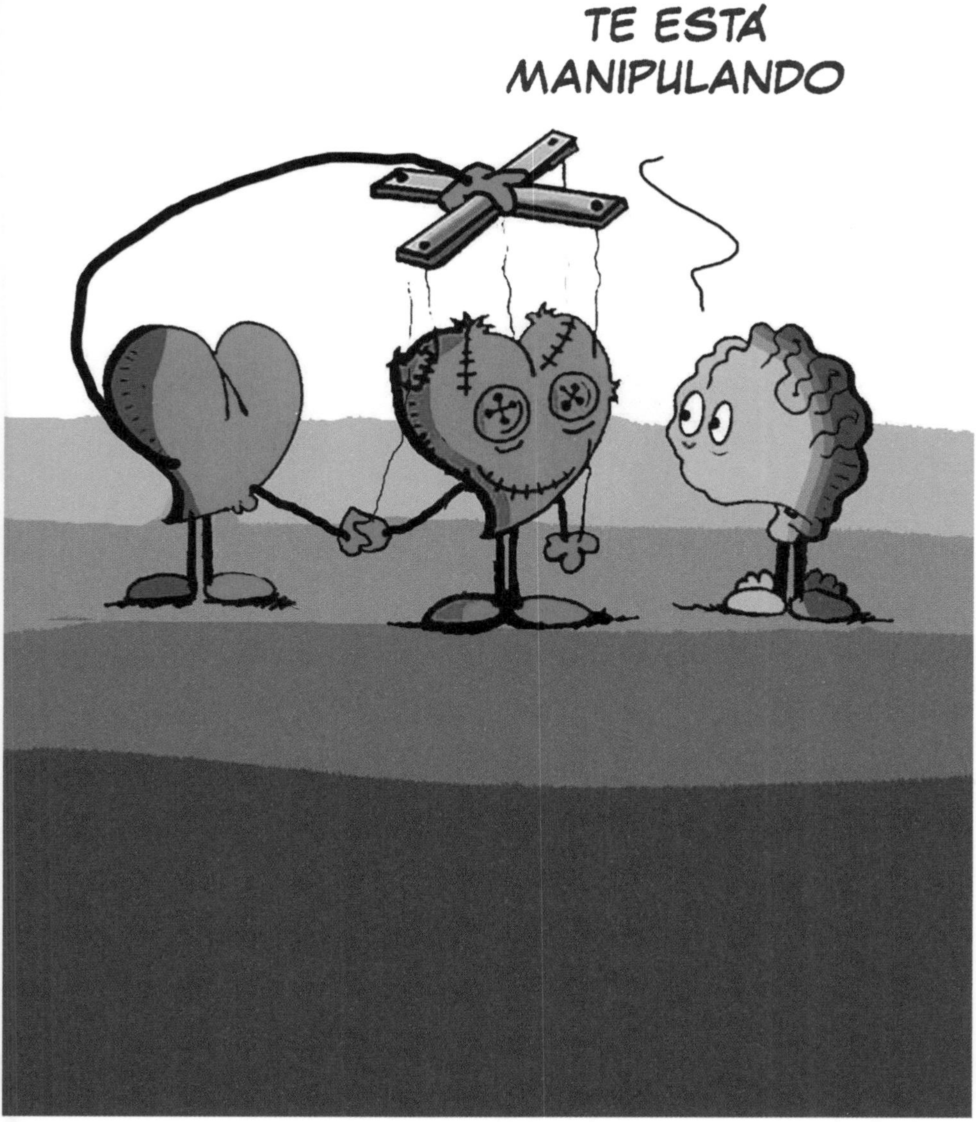
TE ESTÁ
MANIPULANDO

POSESIVO

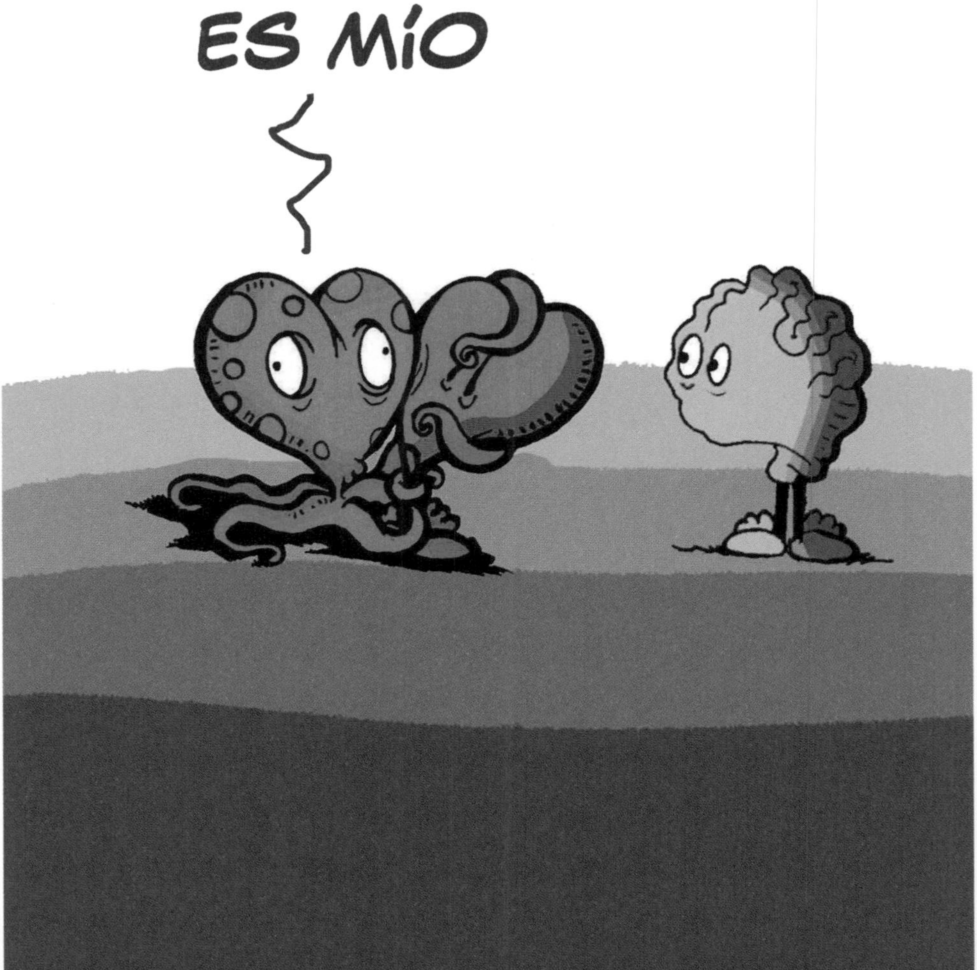

RARO

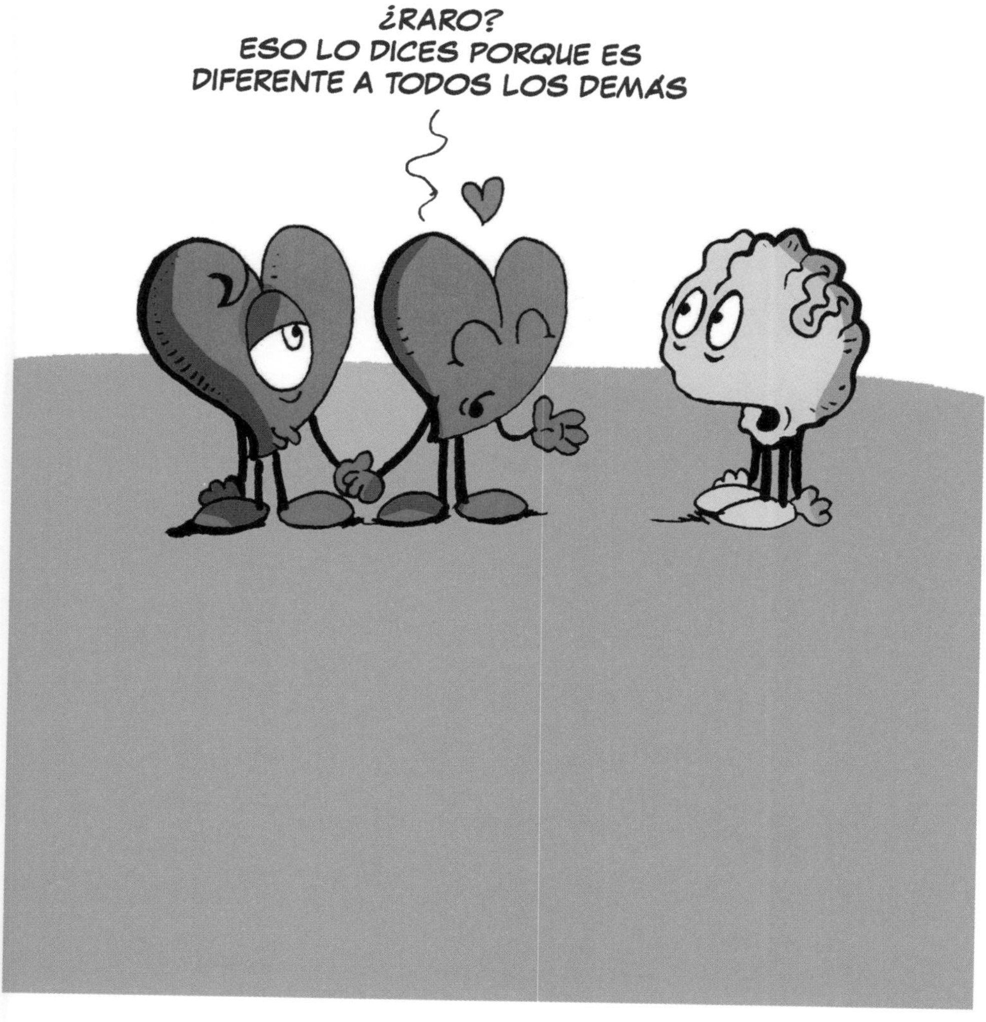
¿RARO?
ESO LO DICES PORQUE ES
DIFERENTE A TODOS LOS DEMAS

TRAVIESO

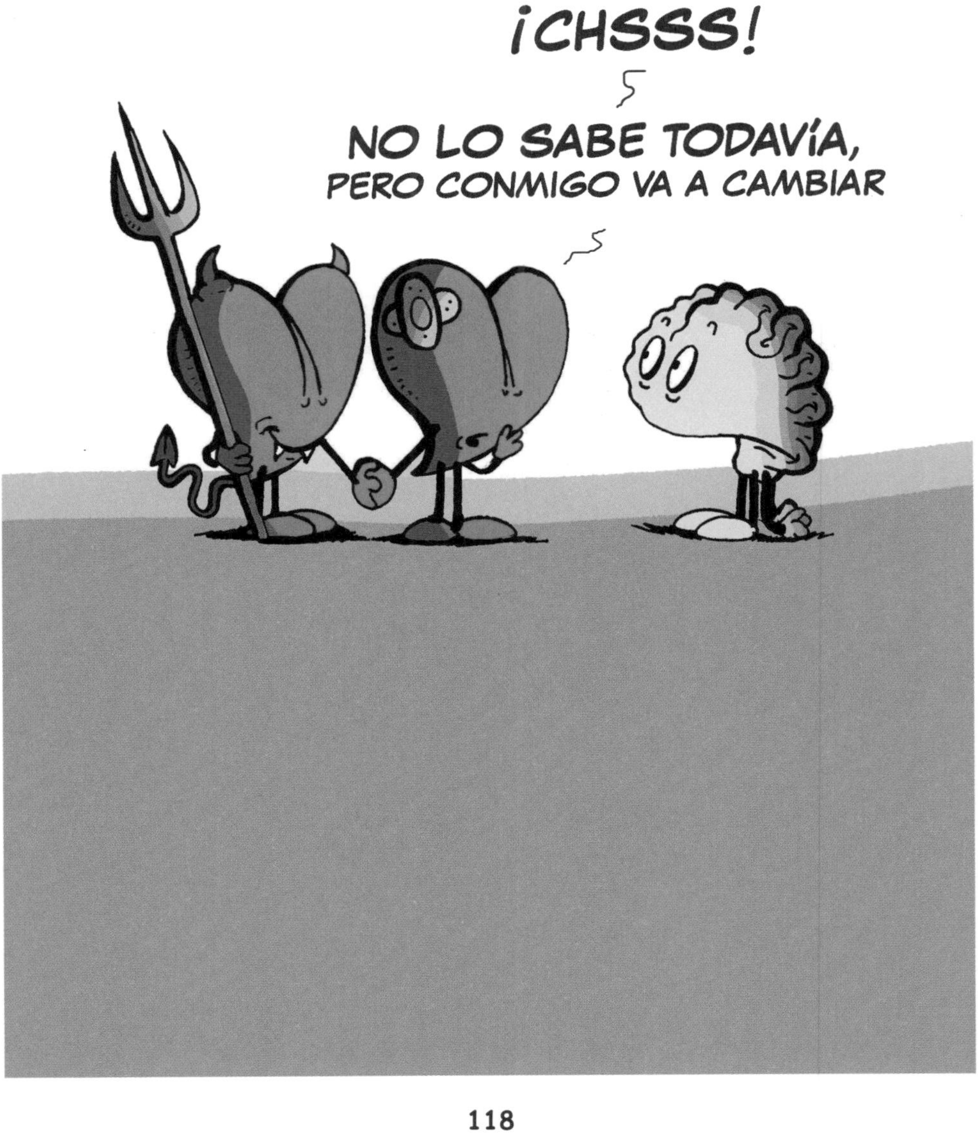
¡CHSSS!
NO LO SABE TODAVíA,
PERO CONMIGO VA A CAMBIAR

EFÍMERO

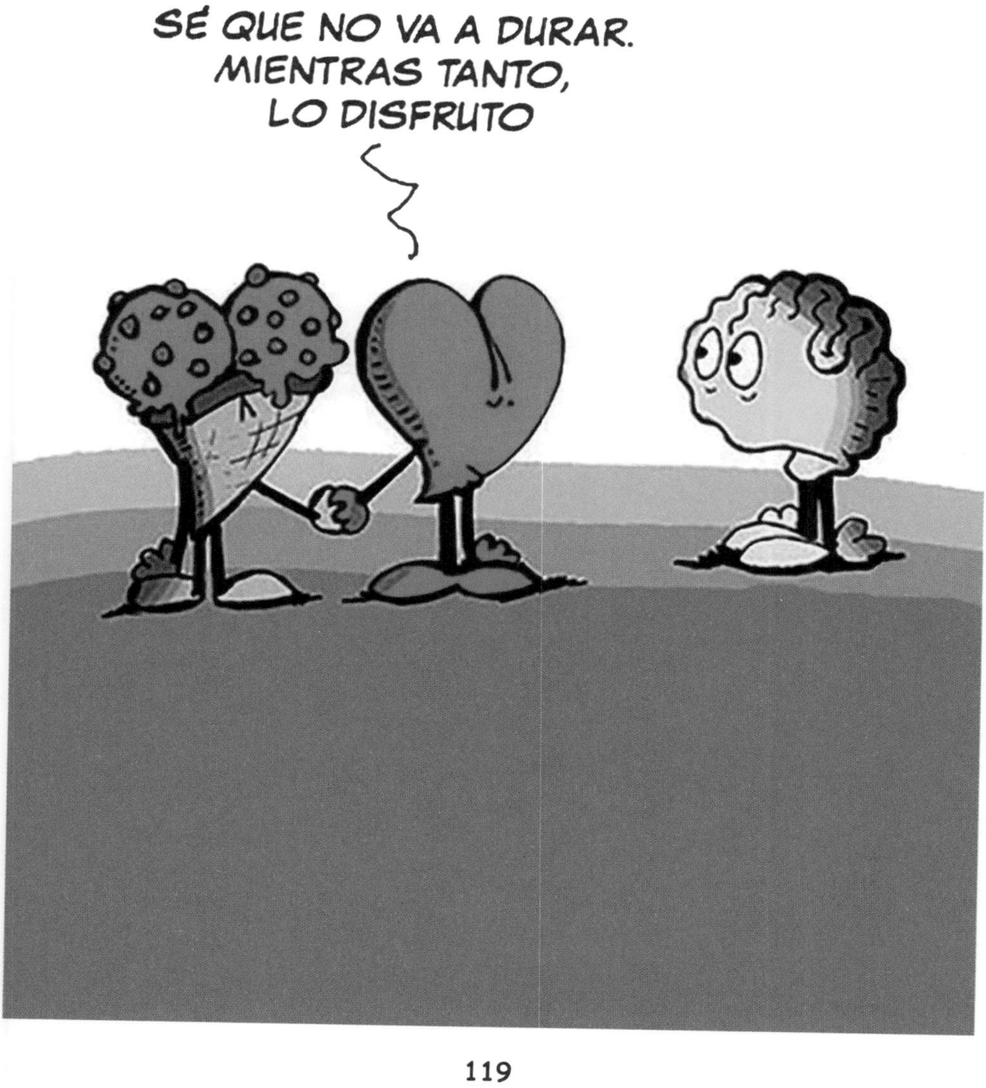
SÉ QUE NO VA A DURAR.
MIENTRAS TANTO,
LO DISFRUTO

ENGAÑOSO

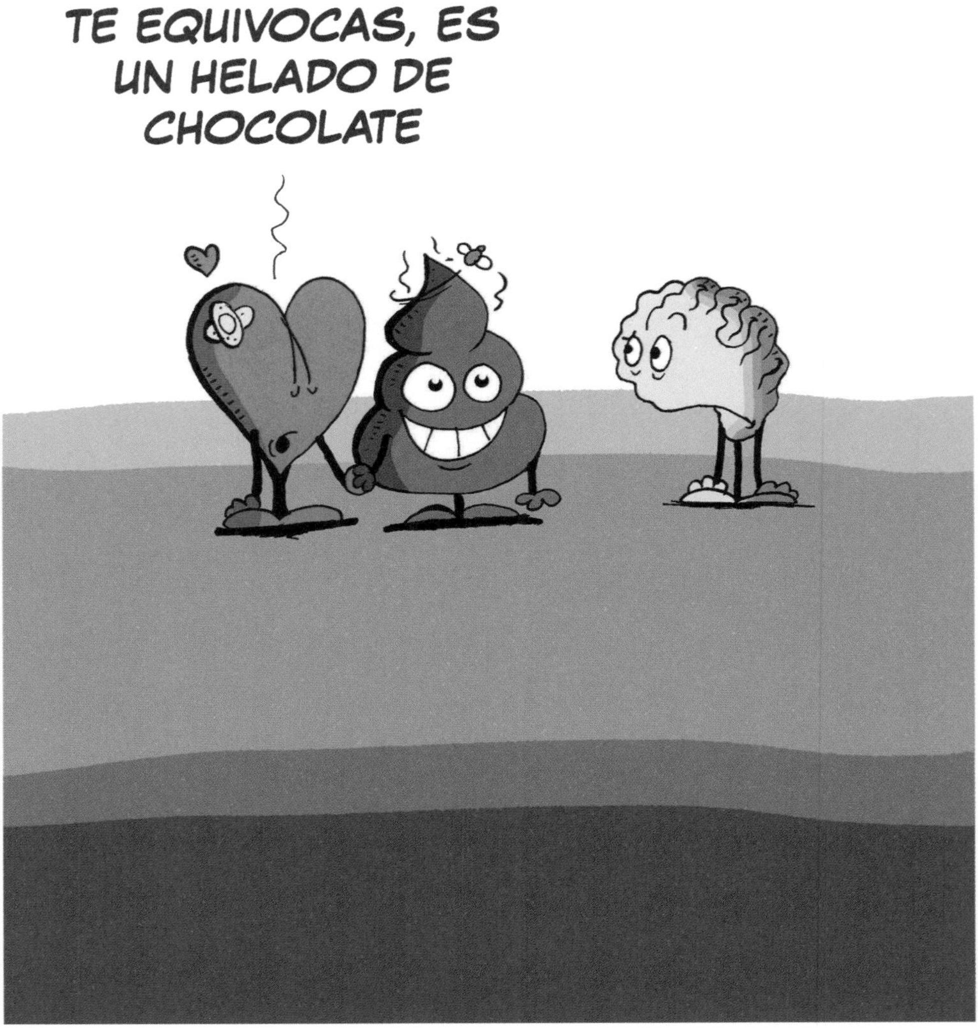
TE EQUIVOCAS, ES UN HELADO DE CHOCOLATE

FÁCIL

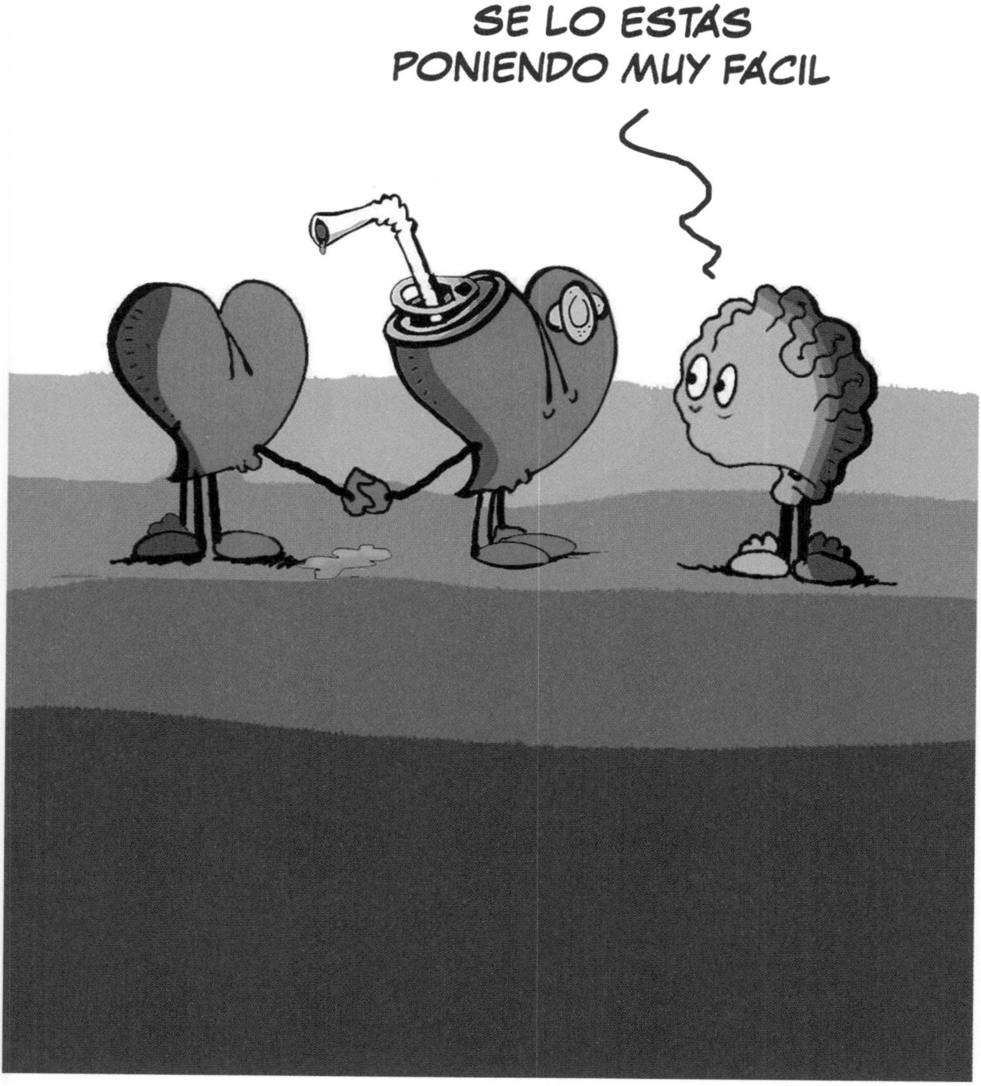
SE LO ESTÁS
PONIENDO MUY FÁCIL

INSEPARABLES

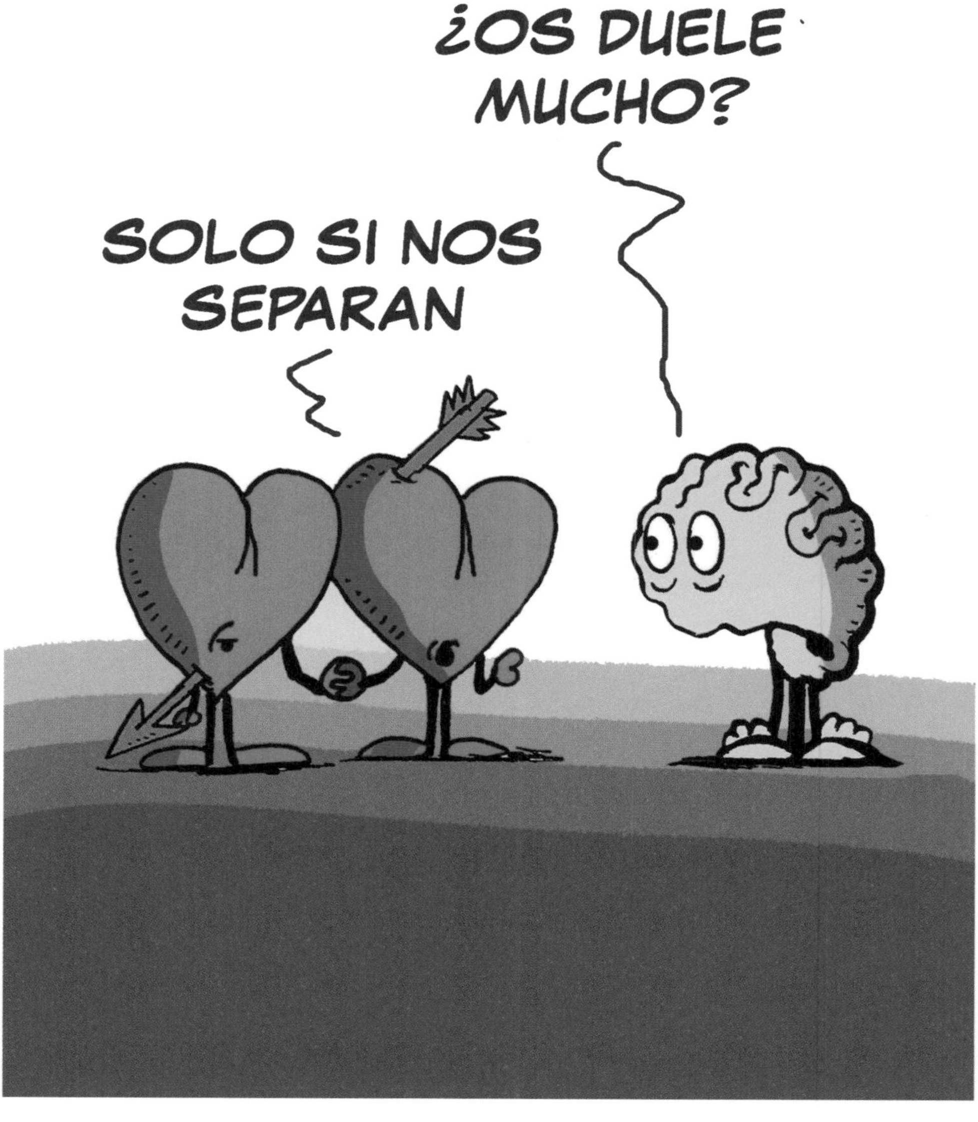

¿OS DUELE MUCHO?
SOLO SI NOS SEPARAN

REALISTA

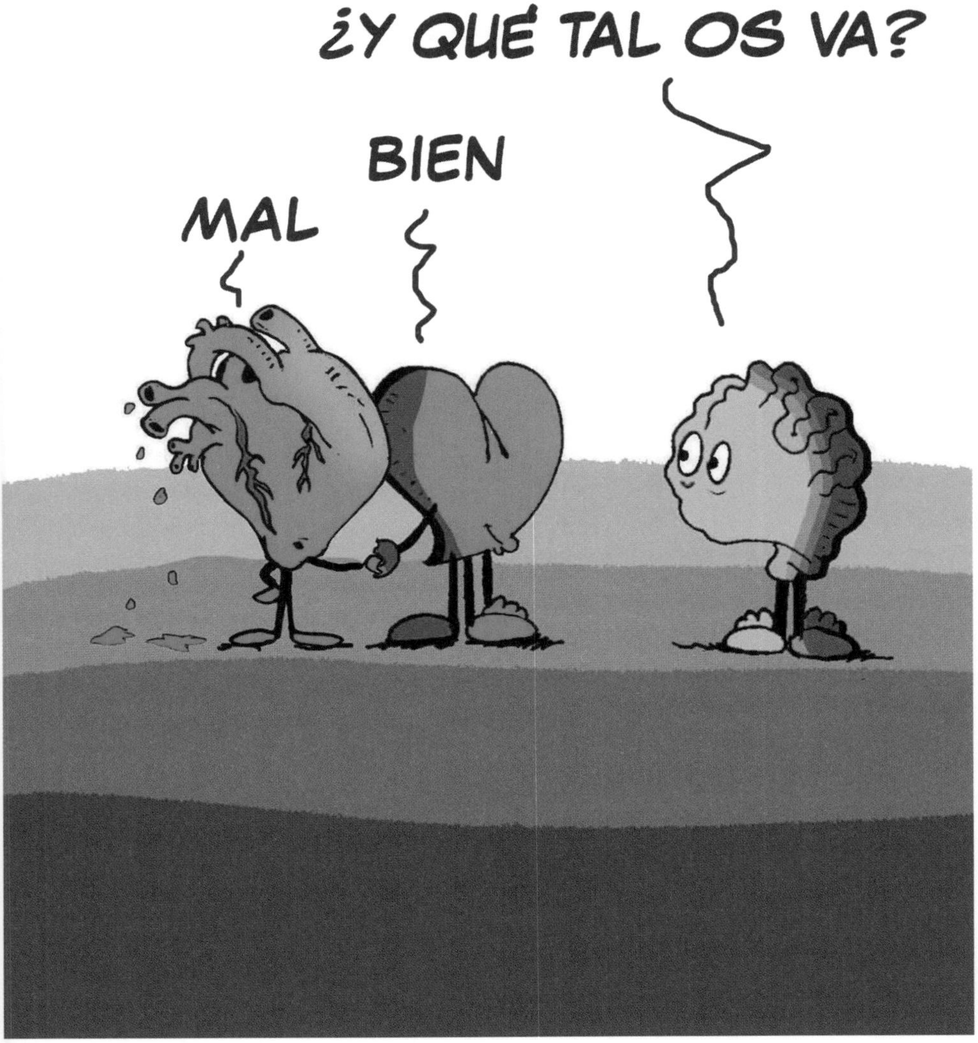
¿Y QUÉ TAL OS VA?
BIEN
MAL

VERGONZOSO

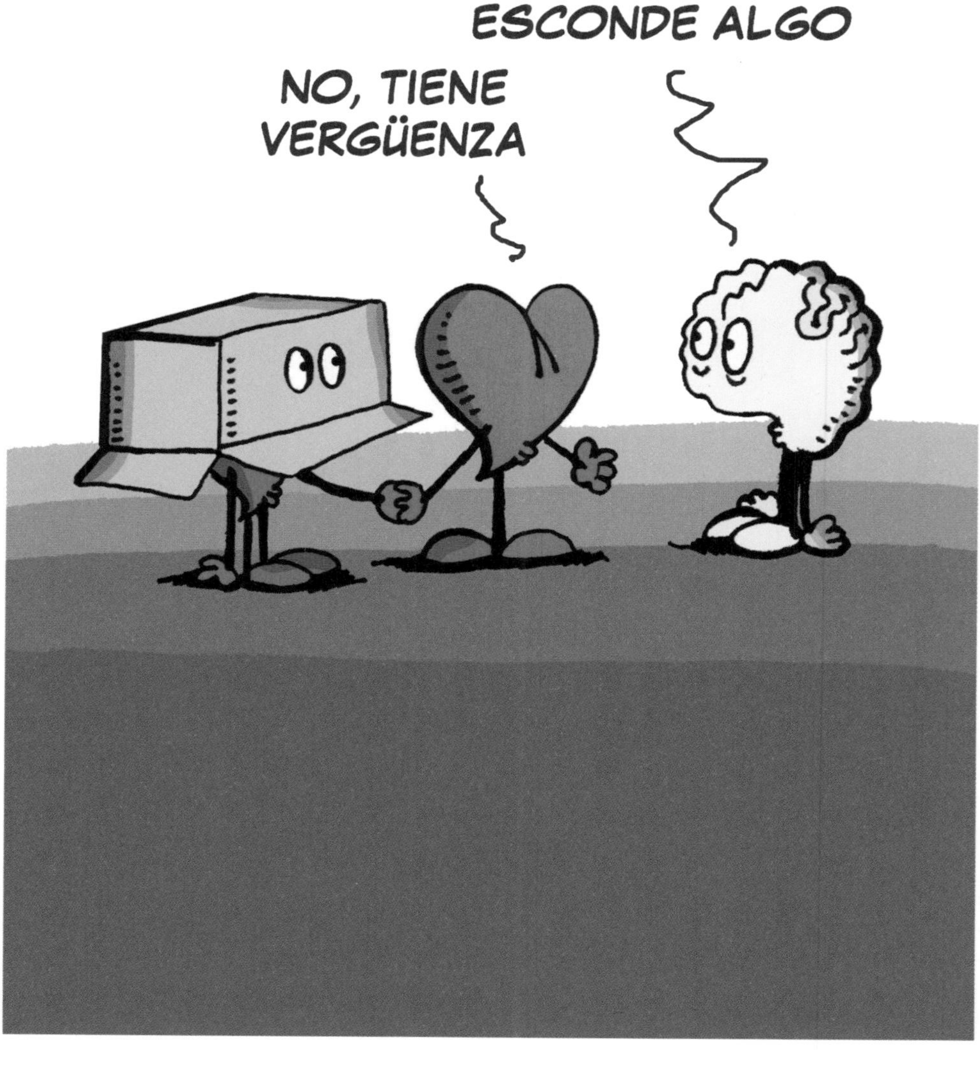
ESCONDE ALGO
NO, TIENE VERGÜENZA

CLÁSICO

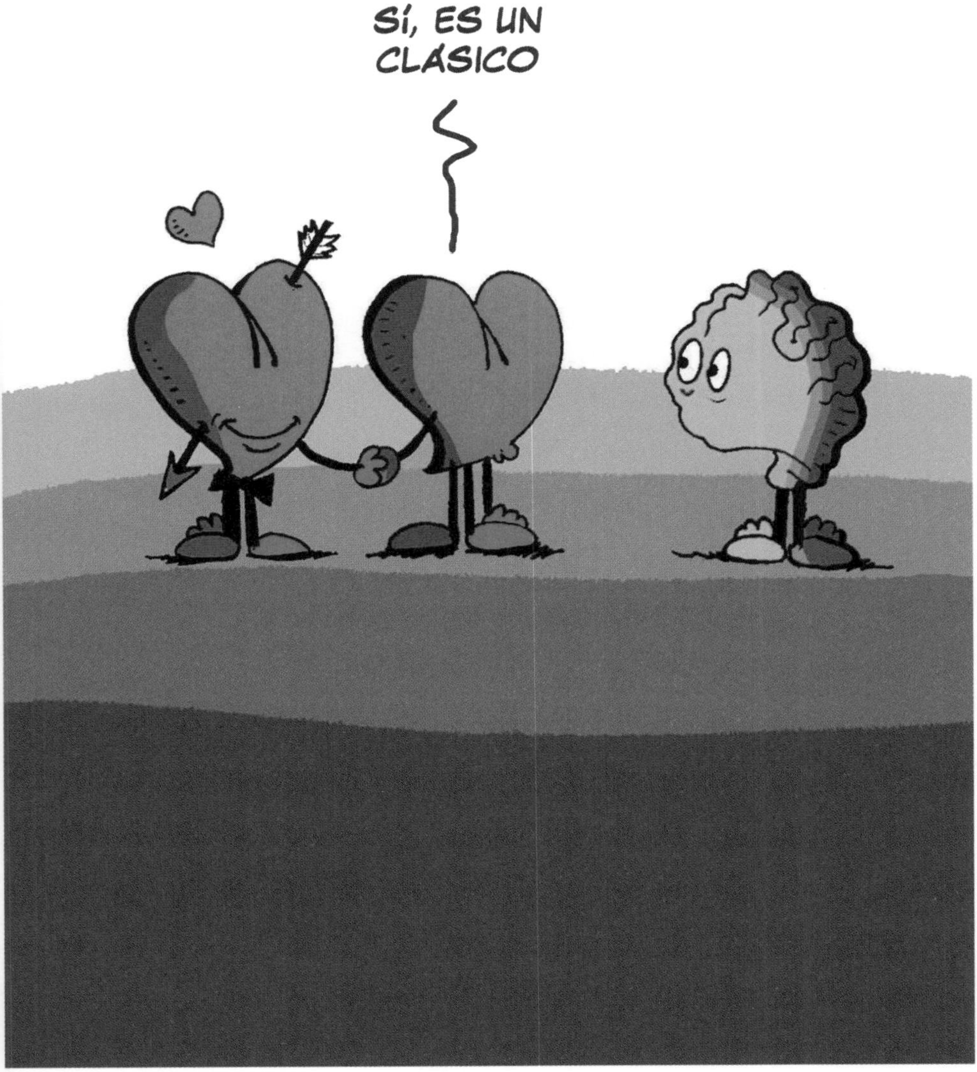
SÍ, ES UN CLÁSICO

ARDIENTE

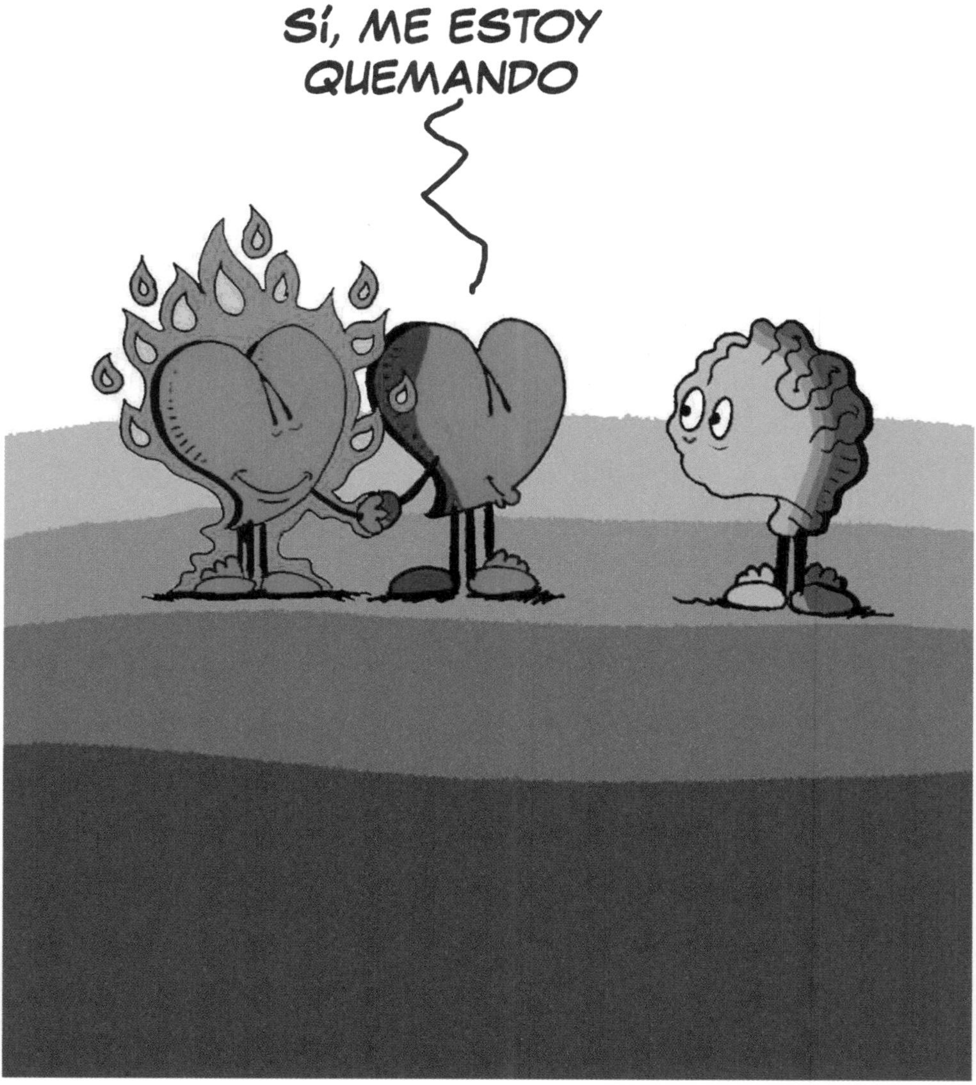
SÍ, ME ESTOY QUEMANDO

FRÍO

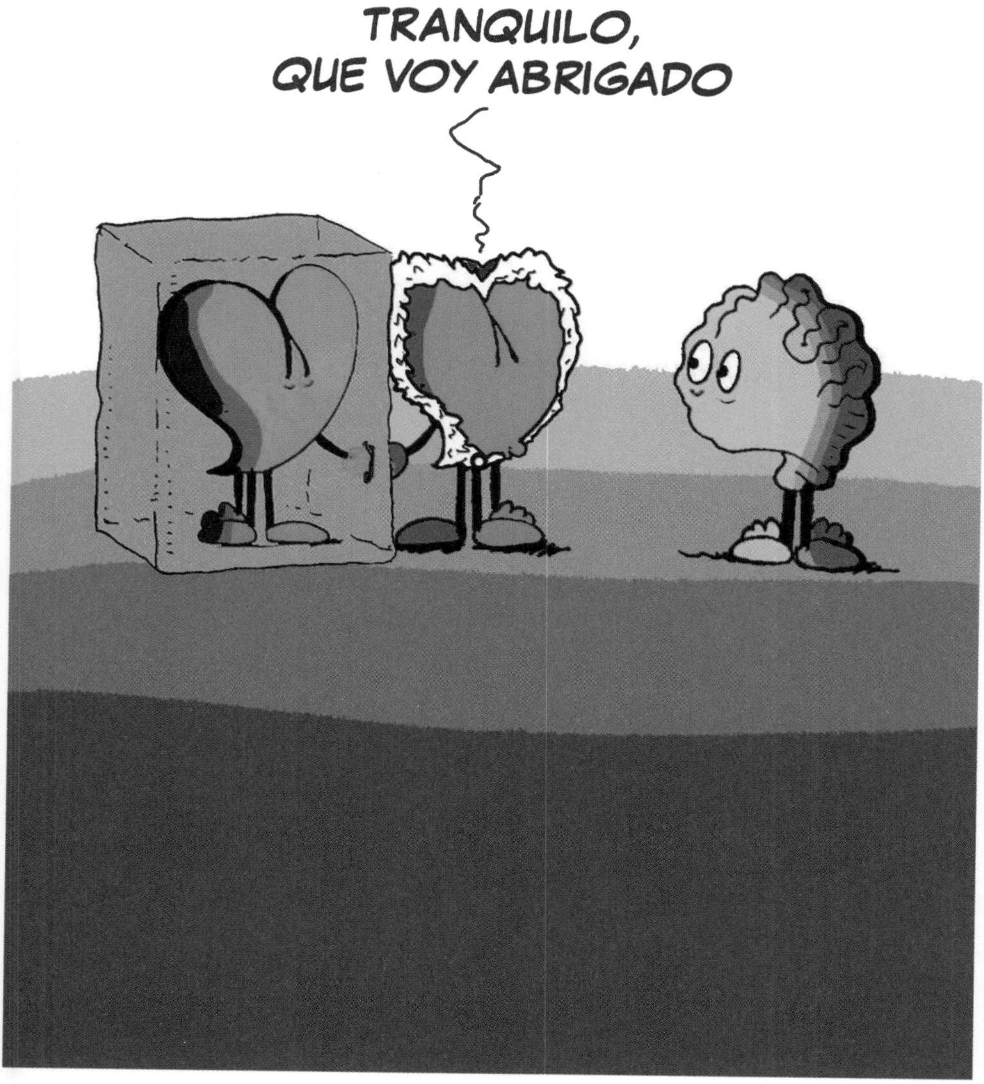
TRANQUILO,
QUE VOY ABRIGADO

MENTIROSO

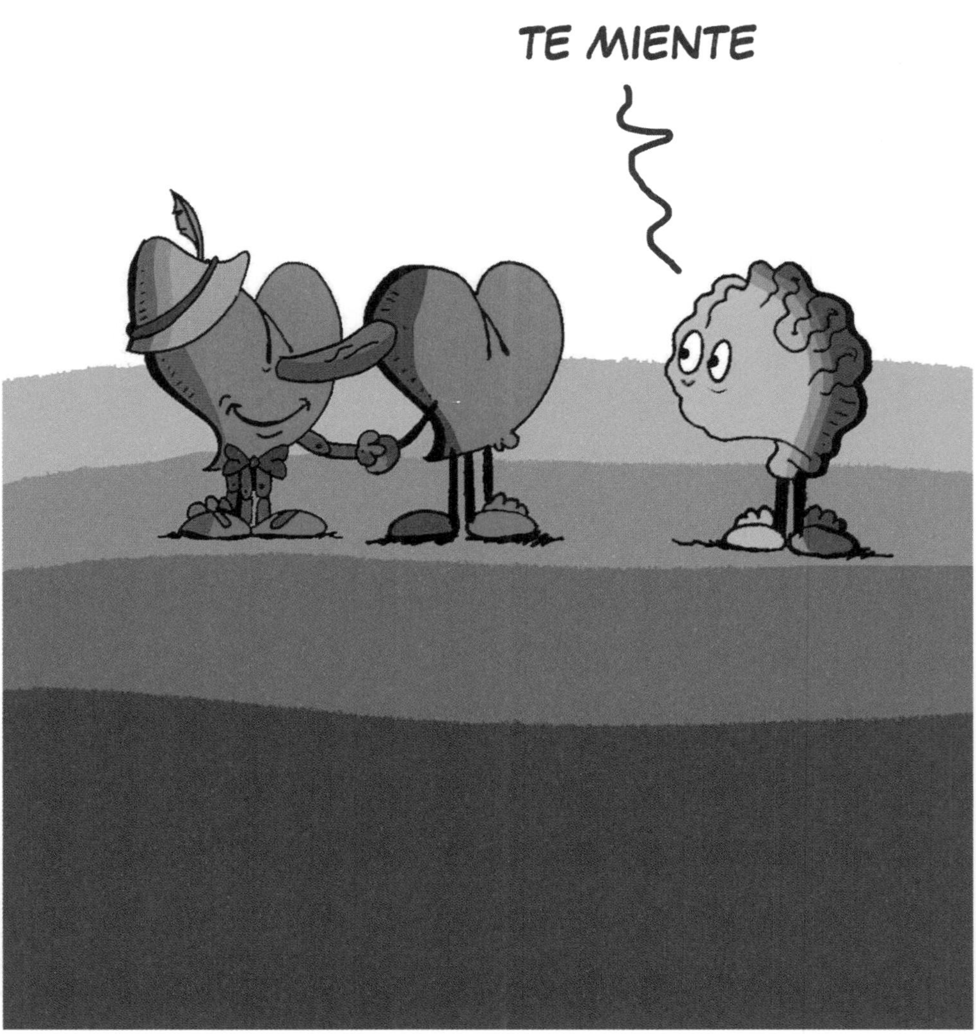
TE MIENTE

DAÑINO

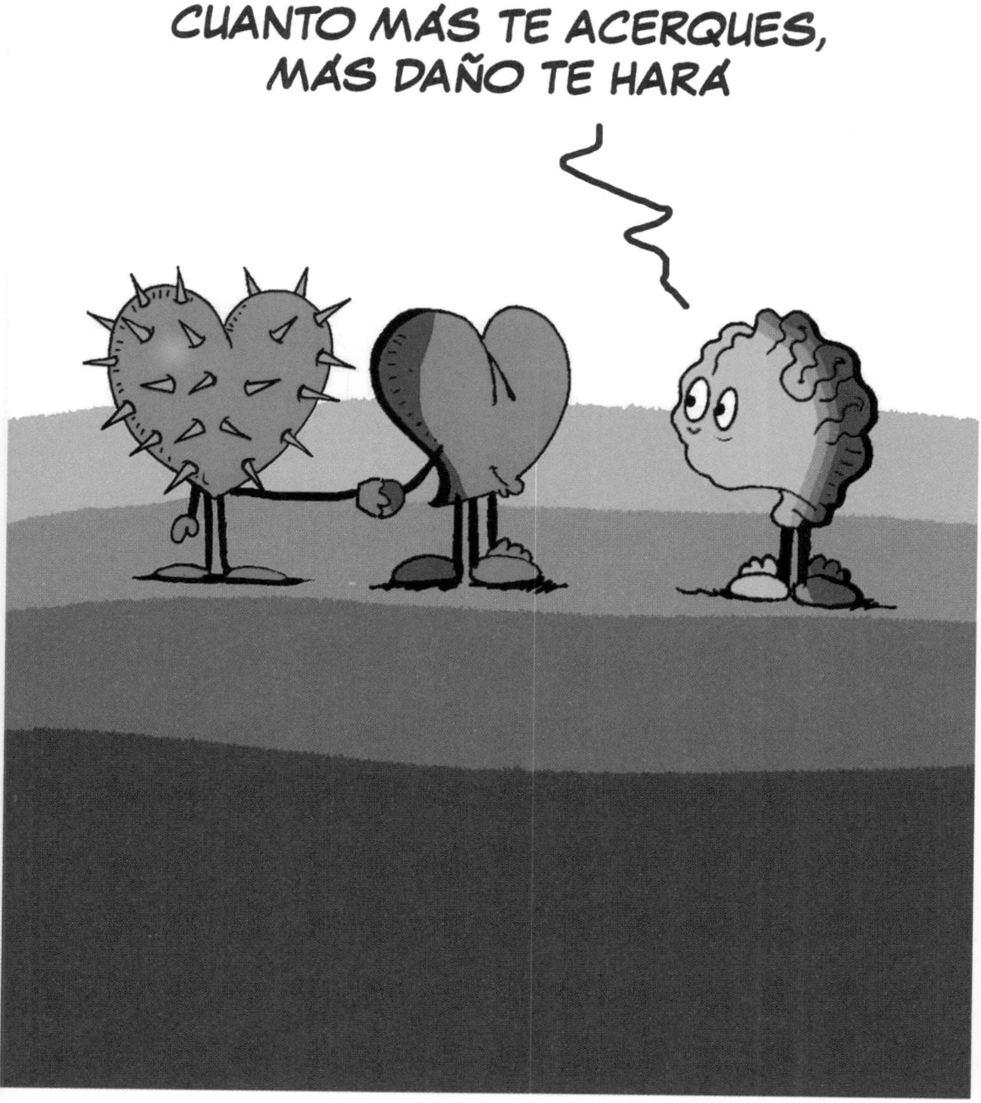
CUANTO MÁS TE ACERQUES,
MÁS DAÑO TE HARÁ

HORÓSCOPO

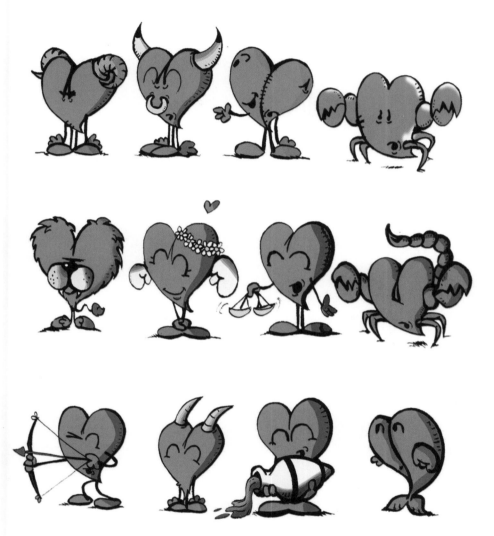

ARIES

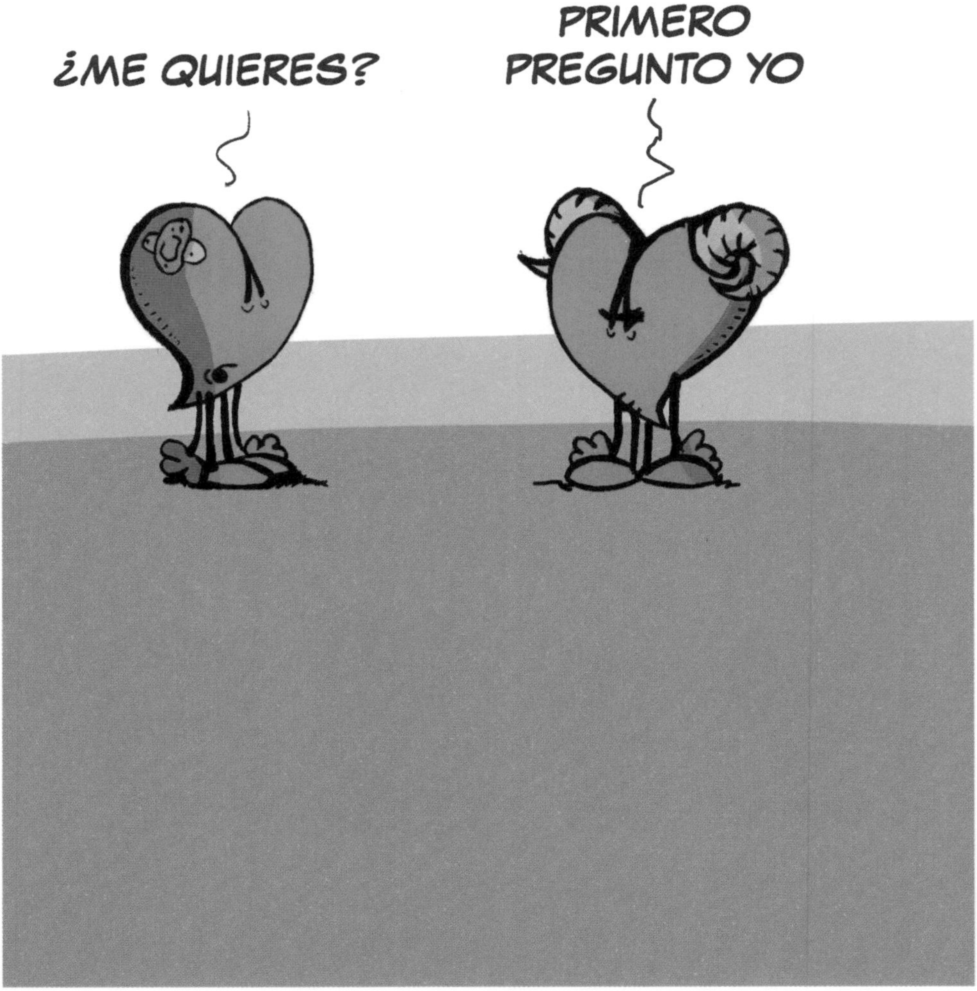
¿ME QUIERES?
PRIMERO PREGUNTO YO

TAURO

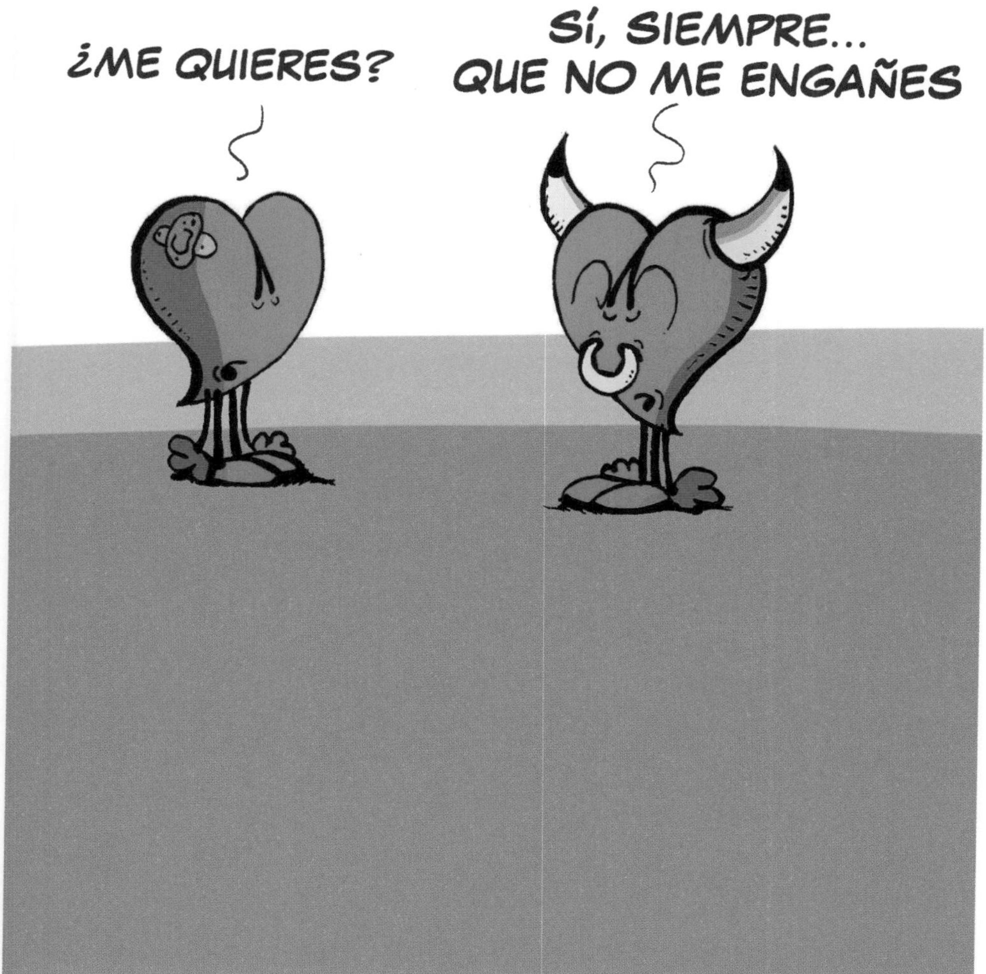
¿ME QUIERES?
SÍ, SIEMPRE...
QUE NO ME ENGAÑES

GÉMINIS

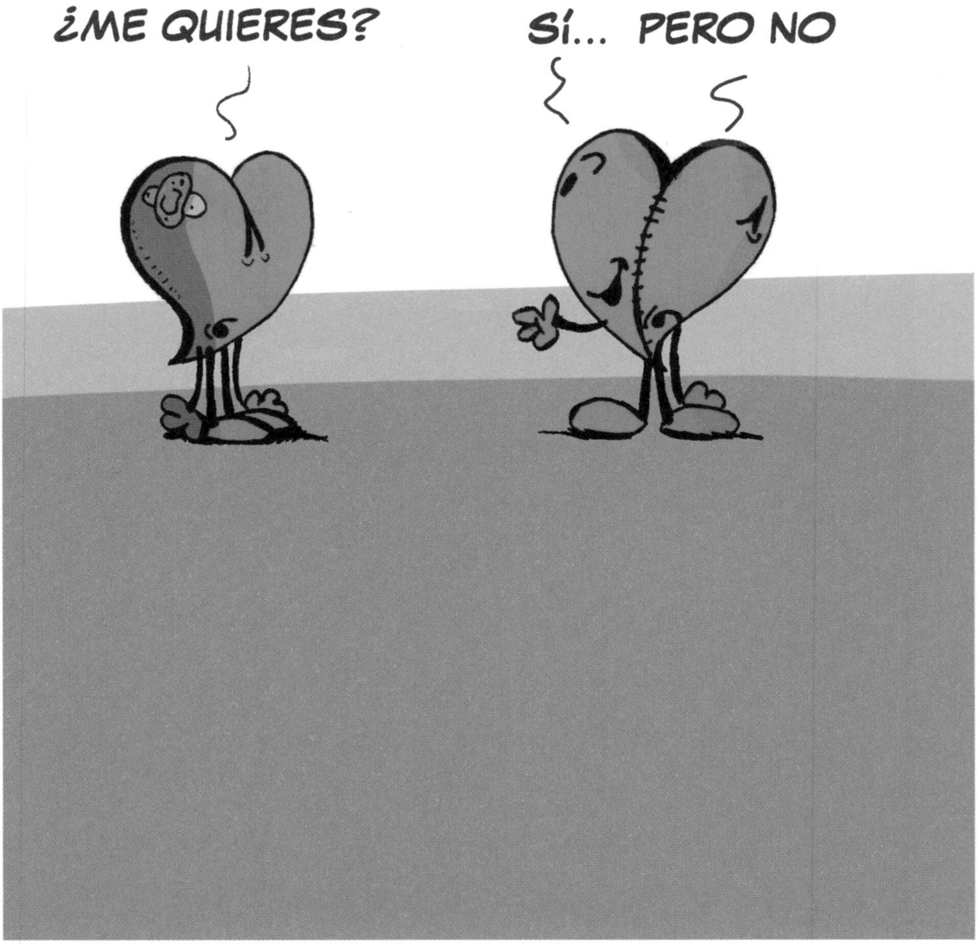

¿ME QUIERES?
SÍ... PERO NO

CÁNCER

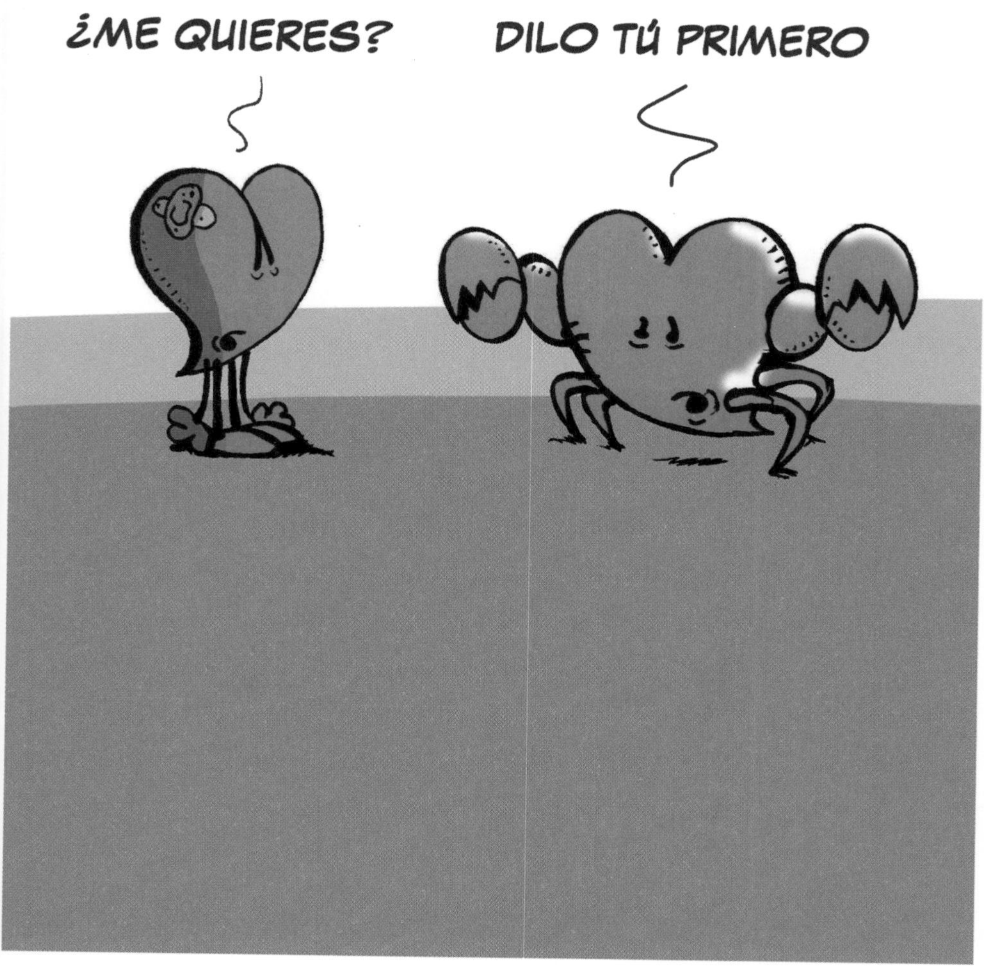
¿ME QUIERES?
DILO TÚ PRIMERO

LEO

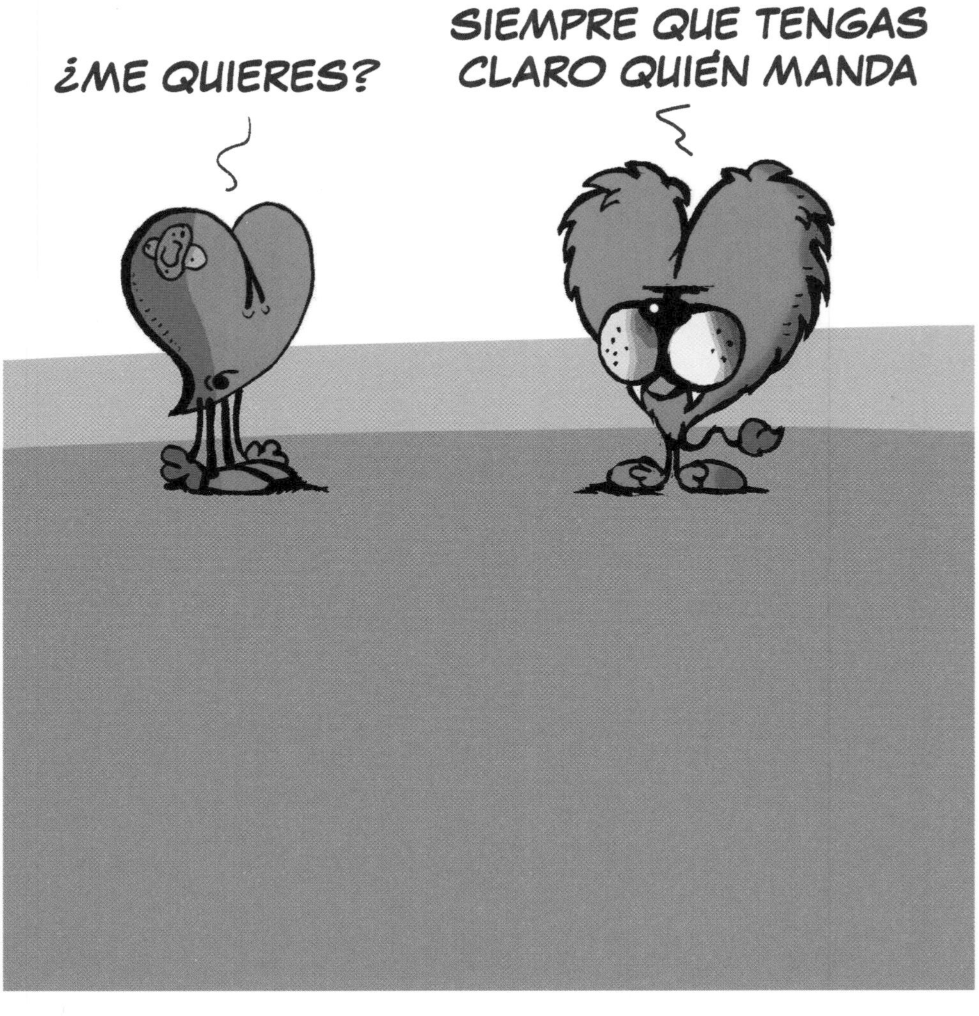
¿ME QUIERES?
SIEMPRE QUE TENGAS CLARO QUIÉN MANDA

VIRGO

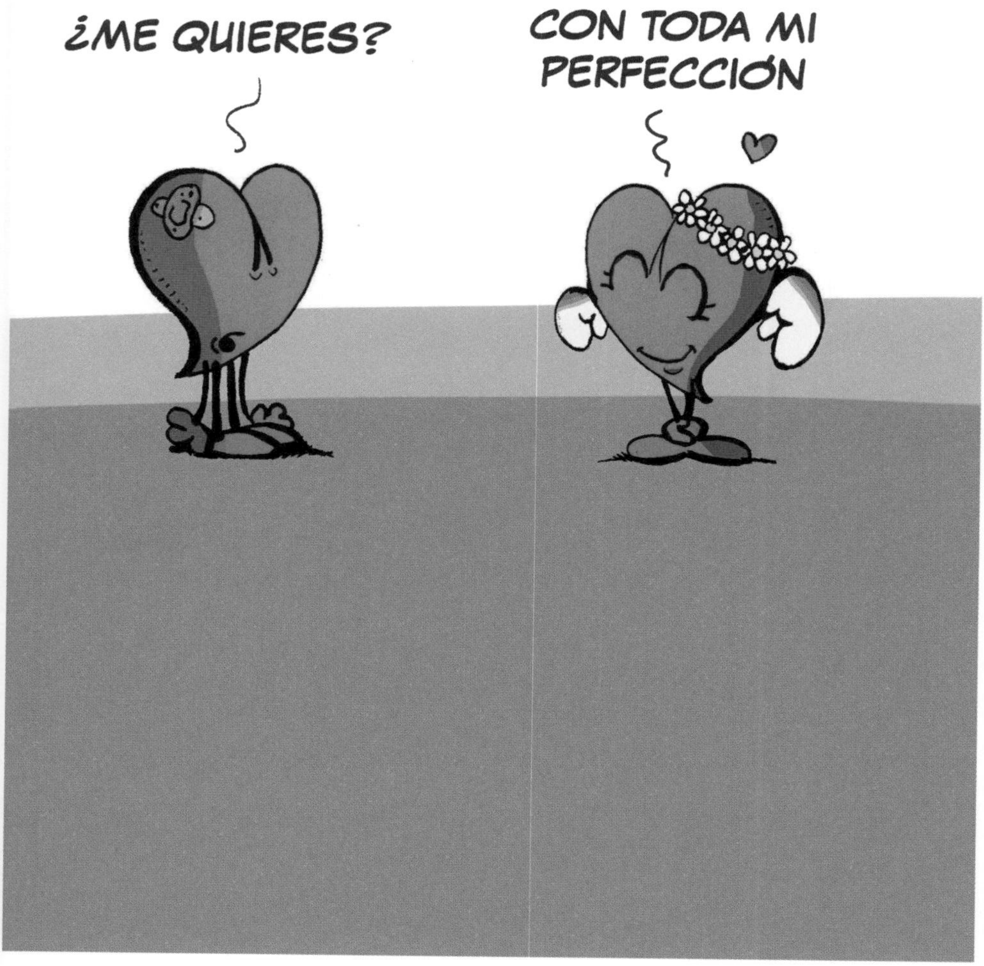
¿ME QUIERES?
CON TODA MI PERFECCIÓN

LIBRA

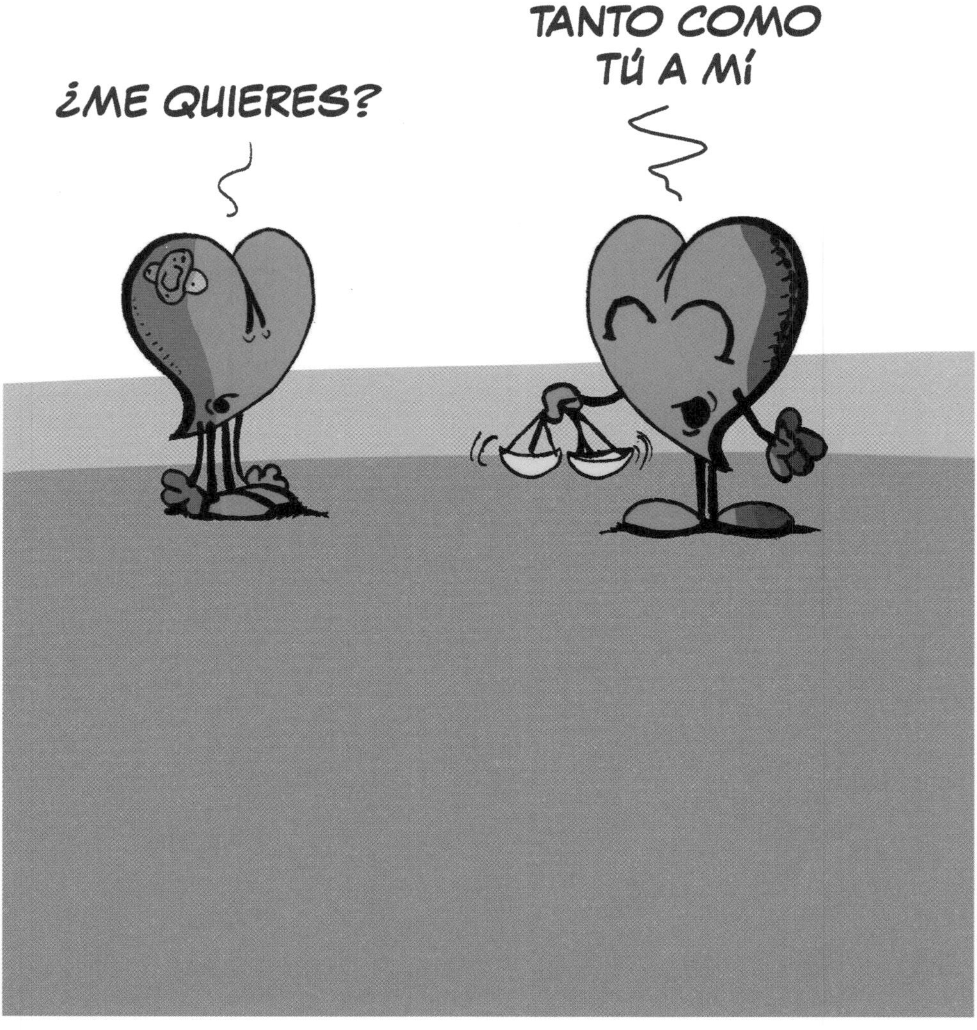

¿ME QUIERES?
TANTO COMO TÚ A MÍ

ESCORPIO

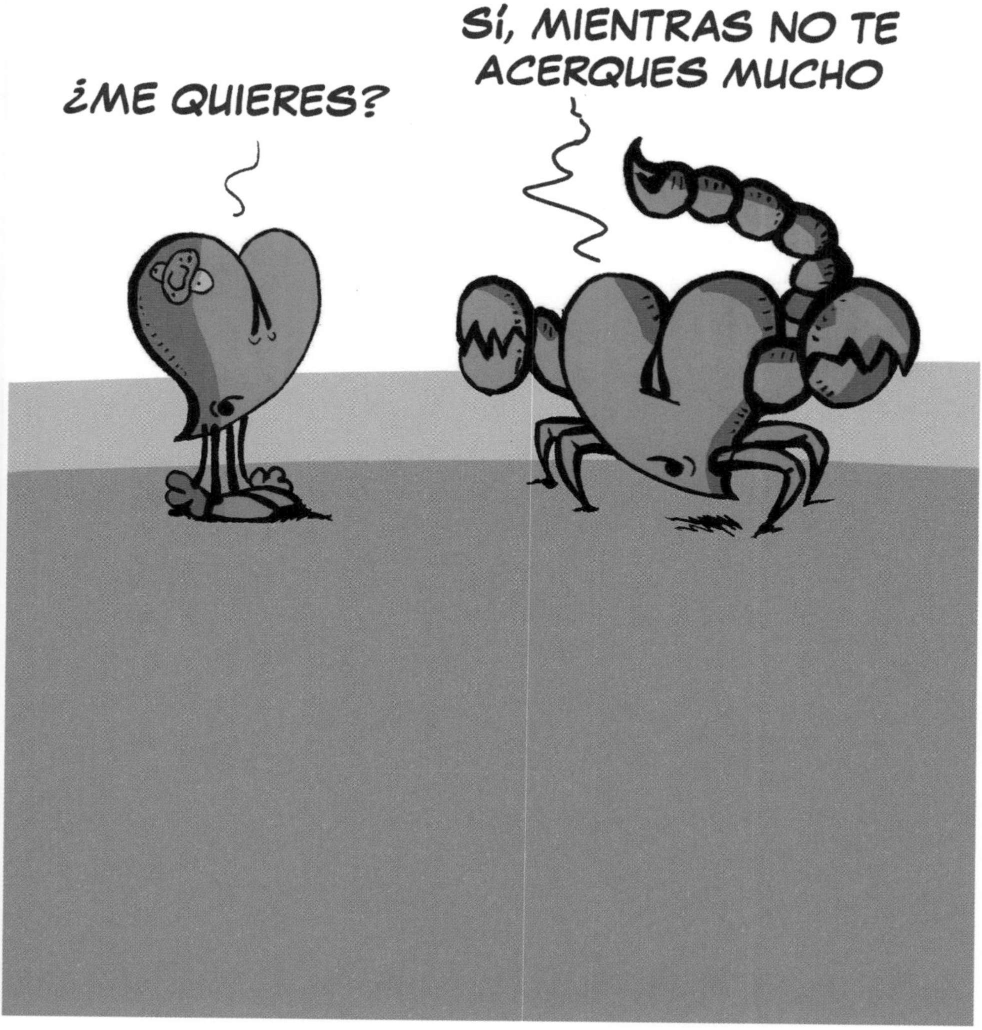
¿ME QUIERES?
SÍ, MIENTRAS NO TE ACERQUES MUCHO

SAGITARIO

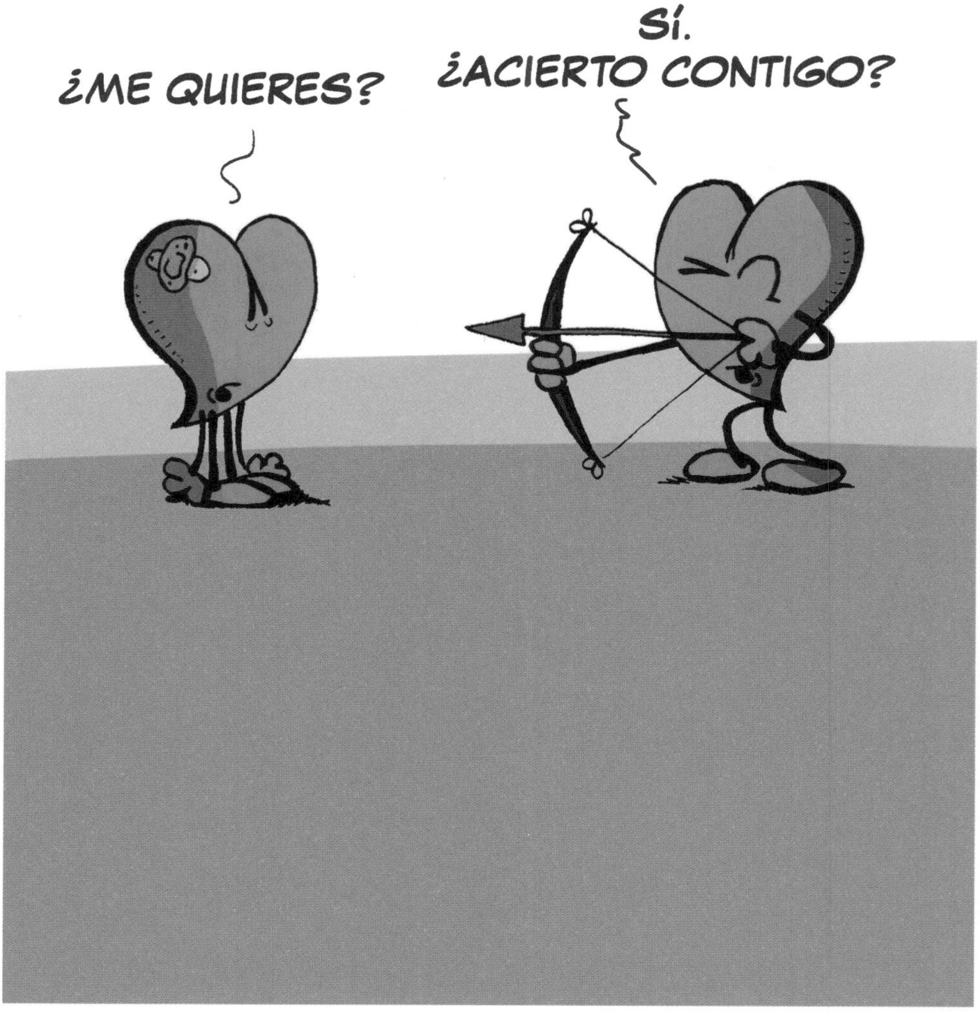
¿ME QUIERES?
SÍ.
¿ACIERTO CONTIGO?

CAPRICORNIO

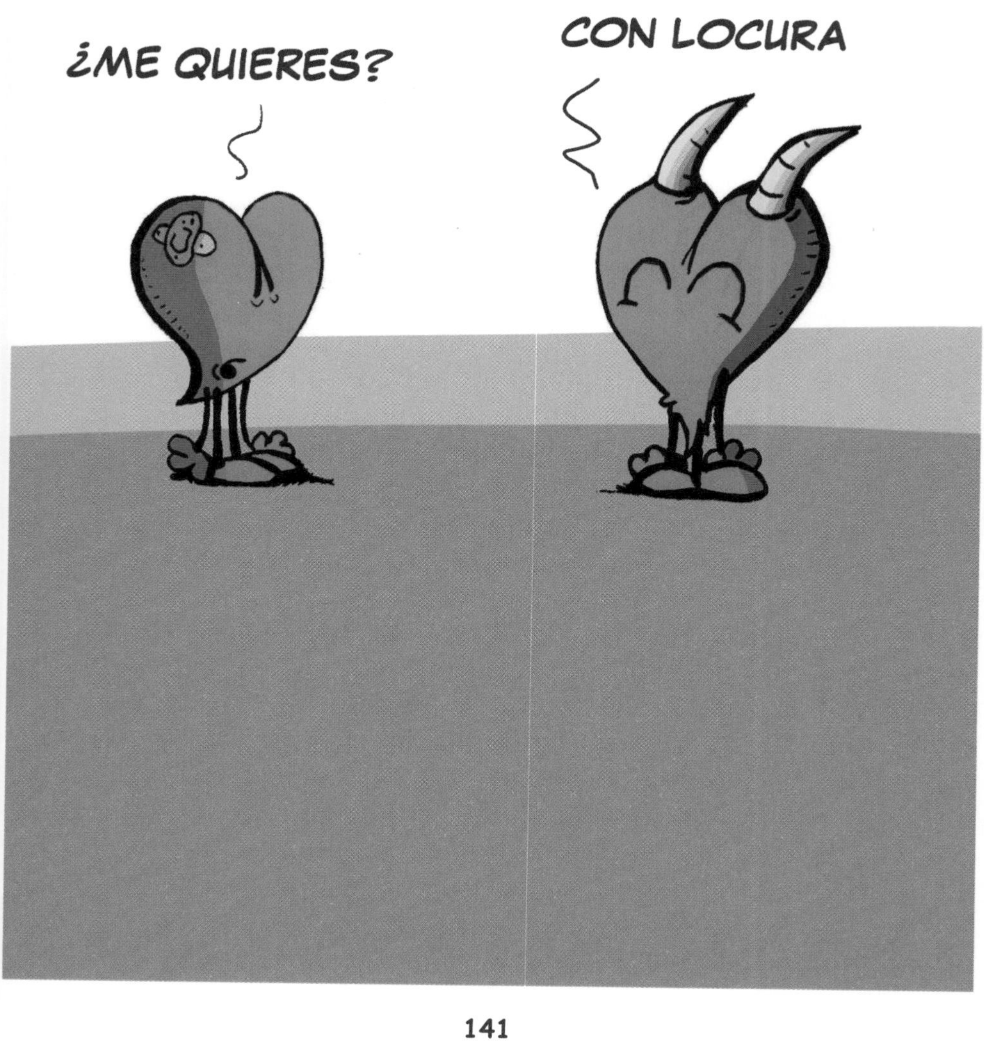
¿ME QUIERES?
CON LOCURA

ACUARIO

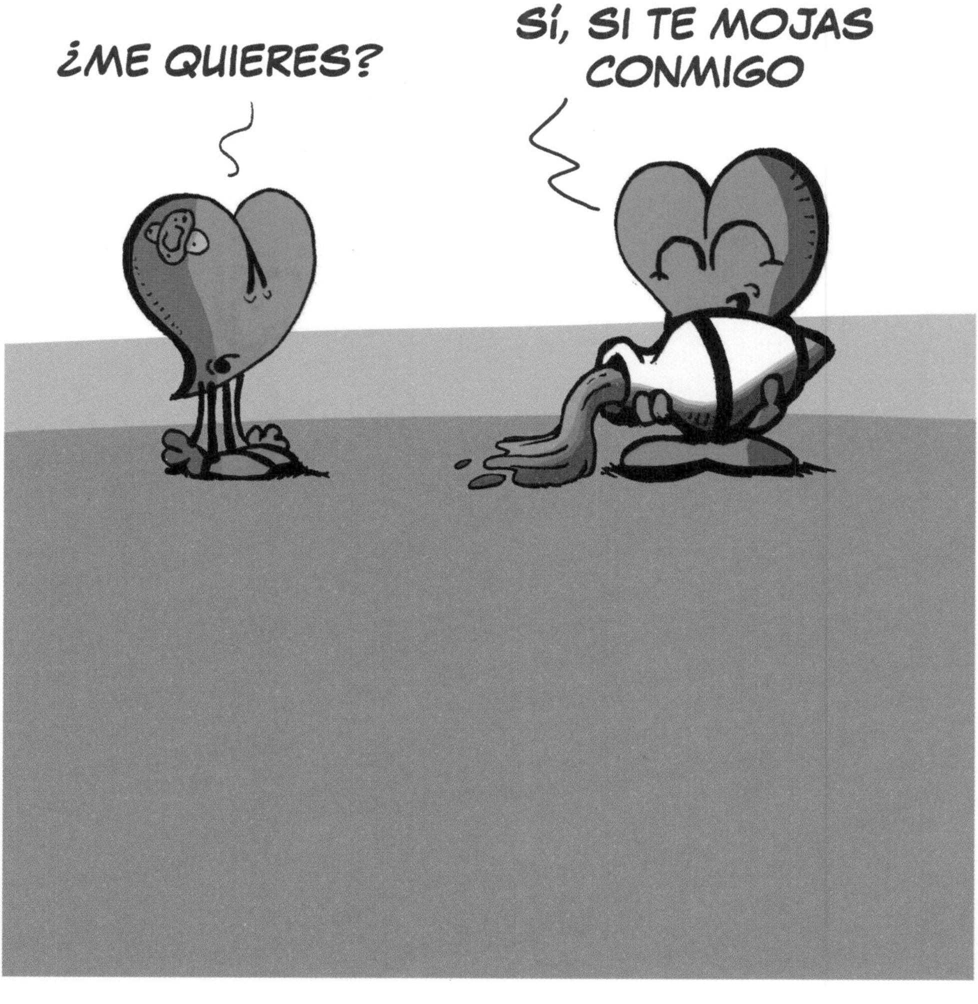
¿ME QUIERES?
SÍ, SI TE MOJAS CONMIGO

PISCIS

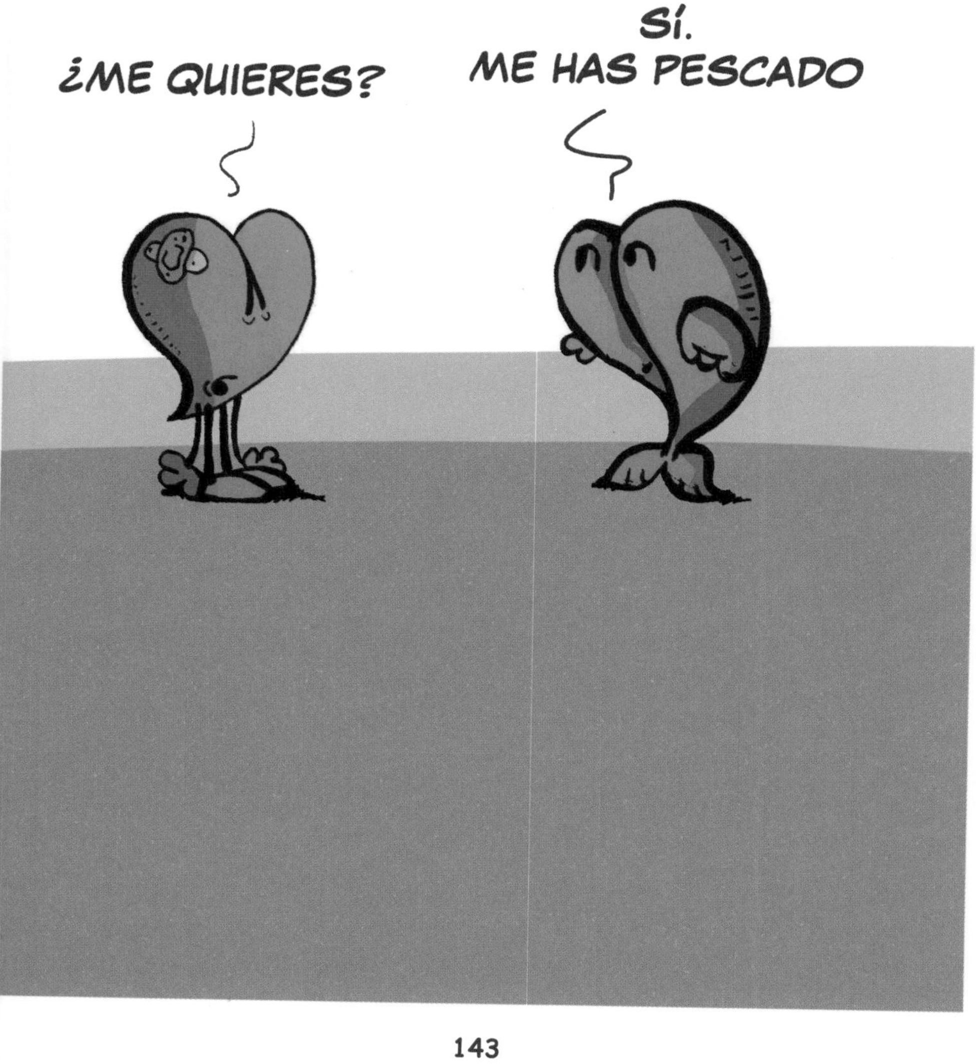
¿ME QUIERES?
SÍ.
ME HAS PESCADO